HONEYSU BESTEN REZEPTE MIT DER BACHBLÜTE

100 LECKERE, GESUNDE UND WOHLFÜHLGERICHTE

APSEL FORST

INHALTSVERZEICHNIS

EINLEITUNG

Das Honeysuckle Cookbook ist vollgestopft mit aufregenden Ideen für einfaches, zugängliches, asiatisch beeinflusstes Kochen zu Hause. Mit 100 Rezepten, von den Frühstücksfavoriten bis hin zu originellen Variationen von Eintopf- und Schnellkochtopfgerichten, ist dieses Buch für diejenigen von uns, die gesunde, köstliche und schnelle Mahlzeiten zum Wohlfühlen wünschen.

Diese Rezepte nehmen das Vertraute und stellen es ganz leicht auf den Kopf: Marinara-Sauce erhält durch die Zugabe von Fischsauce zusätzliches Umami, während Makkaroni und Käse mehr als nur ein Grundnahrungsmittel sind, wenn sie frisch mit Kimchi zubereitet werden . Lattes erhalten einen zusätzlichen Kick durch kräftigen vietnamesischen Kaffee und süßen, blumigen Lavendel, und Quinoa-Pilaw wird mit einem cremigen Curry-Miso-Dressing gemischt.

Mit schnellen Snack-Ideen, Rezept-Hacks, narrensicheren Anleitungen und genialen Tipps für eine hübsche Präsentation wird das Geißblatt-Kochbuch die freundliche Hand sein, die vielbeschäftigte junge Köche in der Küche halten müssen.

FRÜHSTÜCK

1. Haferkekse Overnight Oats

Zutaten

- $\frac{1}{2}$ Tasse Haferflocken
- $\frac{1}{2}$ Tasse griechischer Joghurt
- $\frac{1}{2}$ Tasse Milch
- 1 Esslöffel brauner Zucker
- $\frac{1}{4}$ Teelöffel gemahlener Zimt
- $\frac{1}{8}$ Teelöffel gemahlene Muskatnuss
- 1 Teelöffel Vanilleextrakt
- 1-2 Esslöffel Rosinen

Richtungen

a) In einer Schüssel griechischen Joghurt, Milch, Vanilleextrakt, braunen Zucker, Zimt und Muskatnuss mischen.

b) Haferflocken und Rosinen dazugeben und nochmals mischen.

c) In einen luftdichten Behälter oder Deckel umfüllen. Innerhalb von 3 Tagen genießen.

2. Joghurt-Käse

Zutaten

- 1 Tasse griechischer Joghurt

- Prise Salz

Richtungen

a) In einer Schüssel ein Sieb und ein Käsetuch hinzufügen.
    Gießen Sie 1 Tasse griechischen Joghurt hinein und mischen
    Sie es mit einer Prise Salz.

b) Decken Sie es mit dem Käsetuch ab und wickeln Sie es so
    ein, dass kein Joghurt freiliegt. Für mindestens 8 bis 24
    Stunden in den Kühlschrank stellen

c) Vom Seihtuch nehmen und auf Ihrem Lieblingstoast oder
    Bagel verteilen.

3. Mango Lassi

Zutaten

- 1 Tasse Keitt-Mangos, in Stücke geschnitten

- $\frac{1}{2}$ Tasse Milch

- 1 Tasse Vanillejoghurt

- $\frac{1}{8}$ Teelöffel Kardamom

- 1 Teelöffel Honig

Richtungen

a) Mangos, Milch, Joghurt, Kardamom und Honig in einen Mixer geben.

b) Mischen, bis es glatt ist. Einschenken und genießen!

4. Chai-Joghurt-Schüssel

Zutaten

- 2 Tassen Vanillejoghurt

- $\frac{1}{2}$ Teelöffel Zimt

- $\frac{1}{4}$ Teelöffel Muskatnuss

- $\frac{1}{8}$ Teelöffel Ingwer

- $\frac{1}{8}$ Teelöffel Kardamom

- Prise schwarzer Pfeffer

Richtungen

a) Kombinieren Sie alle Zutaten in einer Schüssel.

5. Matcha-Kaki

Zutaten

- 1 Tasse griechischer Joghurt

- 1 TL Matcha

- 1/2 TL Vanilleextrakt

- 1 Esslöffel Honig

- Topping (optional): Persimone, Sesam-Cluster

Richtungen

a) Kombinieren Sie alle Zutaten in einer Schüssel.

6. Zimtgewürz / Eierlikör

Zutaten

- 1 Tasse griechischer Joghurt

- 1/2 TL Vanille

- Prise gemahlene Nelken

- 1/4 TL Zimt

- Prise Muskatnuss

- 1 TL Ahornsirup

- Gefrorene Beeren

- Schokoladen-Granola

Richtungen

a) Kombinieren Sie alle Zutaten in einer Schüssel.

7. Die Fruchtkuchen-Joghurtschale

Zutaten

- 1 Tasse griechischer Joghurt

- 1/2 TL Vanille

- 1/4 TL Zimt

- Preiselbeersoße

- Kandierter Ingwer

- Gehackte Pekannüsse

Richtungen

a) Kombinieren Sie alle Zutaten in einer Schüssel.

8. Die Superfood Joghurt Bowl

Zutaten

- 1 Tasse griechischer Joghurt

- 1 TL Kakaopulver

- 1/2 TL Vanille

- Granatapfelsamen

- Hanfsamen

- Chia-Samen

- Goji-Beeren

- Blaubeeren

Richtungen

a) Kombinieren Sie alle Zutaten in einer Schüssel.

9. Müsli, Schokolade und Beeren

3 ¼ Tassen Haferflocken

Zutaten

- 1/2 Tasse Pekannüsse

- 1/3 Tasse Mandelsplitter

- ¼ Tasse Leinsamen

- 1/2 Tasse reiner Ahornsirup

- 2 Esslöffel brauner Zucker

- 1/4 Tasse Kokosöl

- ½ TL Muskatnuss

- ½ TL Zimt

- 1 Teelöffel koscheres Salz

- Nach dem Ofen hinzufügen

- 1 Tasse Getrocknete Kirschen oder Beeren

- 1 Tasse Mini-Schokoladenstückchen

Richtungen

a) Backofen auf 325 Grad vorheizen.

b) In einer Schüssel alle Zutaten miteinander vermischen.

c) Auf ein mit Backpapier ausgelegtes Backblech streichen. 30 Minuten backen, bis sie knusprig sind.

d) Auf halbem Weg herausnehmen, um zu mischen, damit es gleichmäßig backt.

e) Vollständig abkühlen lassen und getrocknete Beeren und Schokoladenstückchen untermischen.

f) Mit Milch servieren oder für die Zubereitung von Mahlzeiten in kleinen Gläsern aufbewahren. Hält 3 Wochen in luftdichten Behältern.

10. Klassische Beeren- und Bananenschale

Zutaten

- Erdbeeren, 2-3 Scheiben

- Blaubeeren

- Banane, in Scheiben geschnitten

- 1/2 Tasse griechischer Joghurt

- Chiasamen

- Granola

Richtungen

a) In einer Schüssel den griechischen Joghurt hineingeben und mit Obst und anderen Toppings garnieren.

11.   Mediterrane Joghurtschale

Zutaten

- Nabelorangenscheiben

- Dunkle Schokolade, gehackt

- 1/2 Tasse griechischer Joghurt

- Pistazien

- Schatz

Richtungen

a) In einer Schüssel den griechischen Joghurt hineingeben und mit Obst und anderen Toppings garnieren.

12.   Tropische Joghurtschale

Zutaten

- Ananasstücke, in Scheiben geschnitten

- Kiwi, geschnitten

- Mangoscheiben

- 1/2 Tasse griechischer Joghurt

- Kokoschips

- gehackte Haselnüsse

Richtungen

a) In einer Schüssel den griechischen Joghurt hineingeben und mit Obst und anderen Toppings garnieren.

VORSPEISEN und SNACKS

13. Knoblauch-Kräuter-Focaccia

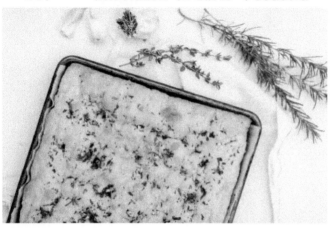

Zutaten

- 1 Esslöffel Hefe

- 2 Teelöffel Zucker

- 1 1/4 Tassen warmes Wasser

- 3 Tassen Allzweckmehl

- 1 Teelöffel Salz

- 1/4 Tasse Olivenöl

- 1 Esslöffel gehackter Rosmarin und Thymian

- 2 Knoblauchzehen, gehackt

- 1 Esslöffel flockiges Meersalz

- 1/4 Tasse warmes Wasser

Richtungen

a) In einem Messbecher warmes Wasser, Zucker und Hefe hinzufügen. Lassen Sie die Hefe 10 Minuten aktivieren, bis sie sprudelt.

b) Verwenden Sie einen Standmixer mit dem Knethaken. Mehl und Salz in die Schüssel einer Küchenmaschine geben und mischen, bis alles vermischt ist. Fügen Sie langsam die Hefemischung hinzu und mischen Sie weiter, bis der Teig zusammenkommt. Es sollte leicht „nass" sein, aber nicht super klebrig.

c) Den Teig herausnehmen und in eine große, gut geölte Schüssel geben und mit Plastikfolie abdecken. Den Teig in eine gut geölte Schüssel geben und den Teig gehen lassen, bis er sich verdoppelt hat, etwa 30 - 45 Minuten. Bewahren Sie den Teig an einem warmen Ort auf, damit er schneller aufgeht.

d) In der Zwischenzeit die Kräutersole zubereiten. Knoblauch, Rosmarin und Thymian, 1 Esslöffel Salz und 1/4 Tasse warmes Wasser in eine Schüssel geben und mischen, bis sich das Salz aufgelöst hat. Beiseite legen.

e) Den Teig herausnehmen und auf ein mit Backpapier ausgelegtes Backblech geben. 1-2 Esslöffel Olivenöl hinzufügen und gleichmäßig verteilen. Verteilen Sie den Teig mit den Fingern vorsichtig zu einer gleichmäßigen Schicht und lassen Sie ihn weitere 20 Minuten oder bis zur doppelten Größe aufgehen. Nun mit den Fingerspitzen kleine Vertiefungen in den Teig drücken.

f) Jetzt den Ofen auf 400 Grad vorheizen.

g) Die Kräutersole löffelweise über den Teig gießen und nochmals 10 Minuten ruhen lassen, bis die Flüssigkeit in den Teig eingezogen ist. Machen Sie sich keine Sorgen, wenn sich noch ein kleines bisschen in den Grübchen befindet. Es wird ausbacken. Zum Schluss noch etwas Olivenöl auf den Teig geben und fertig zum Backen!

h) 20-25 Minuten backen oder bis sie goldbraun sind. Wenn Sie es aus dem Ofen nehmen, wird die Oberseite hart sein. wie ein Cracker. aber mach dir keine Sorgen, denn es wird weicher!

14.   Kürbisravioli mit gebräuntem Buttersalbei

Zutaten

- 1 Päckchen Kürbisravioli

- 4 Esslöffel ungesalzene Butter

- 1 Esslöffel Parmesankäse

- 10 Salbeiblätter

Richtungen

a) Ravioli nach Packungsanleitung zubereiten

b) In einer mittelgroßen Saucenpfanne bei mittlerer Hitze Butter schmelzen und kochen lassen, bis die Milchfeststoffe auf den Boden sinken und braun werden. Sobald Sie fertig sind, fügen Sie Salbeiblätter einzeln hinzu. (Stellen Sie sicher, dass die Blätter vollständig trocken sind).

c) Ravioli anrichten und geriebenen Parmesan hinzufügen. Über die Buttersauce gießen und servieren.

15.   Reis-Blumenkohl-Maisbrot-Füllung

Zutaten

- 1 Päckchen Reisblumenkohl

- 1 Packung Maisbrotfüllung

- 1 gehackte Knoblauchzehe

- 1 Esslöffel Rosmarin

- 2 Esslöffel Petersilie

- 1 Esslöffel Salbei

- 3 1/2 - 4 Tassen Hühnerbrühe

Richtungen

a) Ofen vorheizen auf 350 Grad.

b) Blumenkohlreis nach Packungsanweisung garen. Lassen Sie das Gemüse bräunen und fügen Sie dann die Kräuter und den Knoblauch hinzu. Gut mischen.

c) Gießen Sie die Maisbrot-Füllmischung (ohne Gewürze) und die Hühnerbrühe hinein. Gut mischen, bis das Maisbrot die gesamte Flüssigkeit aufnimmt.

d) In eine ofenfeste Pfanne gießen und 30-40 Minuten backen, bis die Oberseite goldbraun ist.

16.   Gebackener Brie mit Orange und Granatäpfeln

Zutaten

- 1 Laib Brie im Holzbehälter

- 1 Esslöffel Orangenmarmelade

- 1 Packung getrocknete Orangenscheiben

- 1 Handvoll Granatapfelkerne

- 1 Handvoll Pekannüsse

Richtungen

a) Nehmen Sie einen Laib Brie und wickeln Sie ihn aus der Verpackung.

b) Legen Sie den Brie zurück in den Holzbehälter auf ein Backblech.

17.   Klassische Russische Eier

Zutaten

- 12 Eier (hart gekocht)

- $\frac{1}{2}$ TL koscheres Salz

- 1 Esslöffel Mayonnaise

- 2 TL Dijon-Senf

- Frischer Zitronensaft

- Koscheres Salz nach Geschmack

- 1 TL Gurkenrelish

- Gemahlener Paprika

Richtungen

a) Mischen Sie alles zusammen, bis die Eier diese cremige Textur haben. Die Eigelbmischung in einen Spritzbeutel füllen und auf das Eiweiß spritzen.

b) Dann streuen Sie etwas geräucherten Paprika für Farbe darüber.

18.   Speckteufel-Eier

Zutaten

- 12 Eier (hart gekocht)

- $\frac{1}{2}$ TL kosheres Salz

- 1 Esslöffel Mayonnaise

- 2 TL Dijon-Senf

- Frischer Zitronensaft

- Kosheres Salz nach Geschmack

- 2-3 Scheiben Speck

- frisch gehackte Frühlingszwiebeln

Richtungen

a) Alles zusammen pürieren und dann in mein Eiweiß spritzen.

19.   Sriracha Deviled Eier

Zutaten

- 12 Eier (hart gekocht)

- ½ TL koscheres Salz

- 2 TL Mayonnaise

- 2 TL Sriracha-Sauce

- 1 TL Dijon-Senf

- Frischer Limetten- (oder Zitronen-) Saft

- Koscheres Salz nach Geschmack

Richtungen

a) Fügen Sie 2 Teelöffel Mayonnaise, 2 Teelöffel Sriracha, 1 Teelöffel Dijon-Senf und einen winzigen Spritzer Zitrone oder Limette zu den Eiern hinzu.

b) Mit etwas Salz abschmecken und alles pürieren.

20. Geburtstags-Streusel-Reis-Krispies-Leckereien

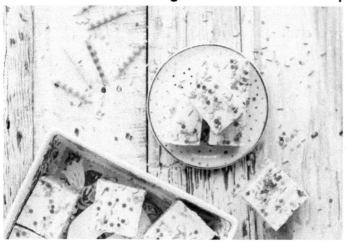

Zutaten

- 5 Tassen Reiskrispies

- 3 Esslöffel Butter

- 4 Tassen-PUFFED Miniatur-Marshmallows

- Prise Salz

- 1 TL Vanilleextrakt

- 1/2 Tasse Streusel

- 2 Esslöffel neutrales Öl

- 1,5 Tasse weiße Schokolade

- Blauer Geltropfen

Richtungen

a) Besprühen Sie eine 8x8-Zoll-Backform mit Kochspray und stellen Sie sie beiseite.

b) In einem großen Topf Butter, Vanilleextrakt und Salz bei schwacher Hitze schmelzen. Fügen Sie Marshmallows hinzu und rühren Sie, bis sie gerade geschmolzen und glatt sind.

c) Vom Herd nehmen und Rice Krispies und 1/2 Tasse Streusel einrühren. Rühren, bis alles gut bedeckt ist.

d) Sprühen Sie einen großen Spatel mit Kochspray ein und drücken Sie die Mischung gleichmäßig in die vorbereitete Pfanne.

e) Weiße Schokoladenglasur zubereiten: Weiße Schokolade mit $\frac{1}{4}$ Tasse Kondensmilch in einem mittelgroßen Topf bei schwacher Hitze schmelzen. Sobald es geschmolzen ist, fügen Sie entfernen und 1 oder 2 Tropfen blaue Lebensmittelfarbe hinzu, je nachdem, wie intensiv Sie die Farbe haben möchten. über Reiskrispies gießen.

21. Alles „Bagel"-Scones

Zutaten

- 2 Tassen Allzweckmehl

- 1/2 Tasse Butter, gerieben

- 1/4 Tasse Cheddar-Käse, gerieben

- 1 1/2 Teelöffel Backpulver

- 1/2 Teelöffel Natron

- 1 Esslöffel Alles Bagel-Gewürz

- 1/2 TL koscheres Salz

- 1 Teelöffel Zucker

- 1 Ei

- 1/3 Tasse Sahne

Zum Bestreichen:

- 2 Esslöffel Sahne

- 1 Esslöffel Alles Bagel-Gewürz

Richtungen

a) Backofen auf 400 Grad vorheizen

b) In einer großen Schüssel Mehl, Backpulver, Natron, alles Bagelgewürz, Salz und Zucker mischen. Gut mischen, bis alles vermischt ist.

c) Als nächstes fügen Sie KALTE geriebene Butter und Käse hinzu. Mit den Händen vorsichtig schwenken. Beiseite legen.

d) In einer anderen Schüssel Ei und Sahne verquirlen und dann zur Mehlmischung geben.

e) Mit einem Spatel den Teig verrühren, bis das Mehl gerade anfängt, sich einzuarbeiten. Auf die saubere Arbeitsfläche gießen und den Teig darüberklappen, bis sich Mehl und Mischung vollständig verbunden haben. Achten Sie darauf, den Teig nicht zu überarbeiten. Falten Sie es einfach so weit, dass es zusammenbleibt.

f) Den Teig zu einem Kreis klopfen und in 6 Keile schneiden.

g) Auf ein mit Backpapier ausgelegtes Backblech geben. Scones mit Schlagsahne bestreichen und mehr Bagelgewürz darüber streuen.

h) 20-22 Minuten goldbraun backen. Aus dem Ofen nehmen und 5 Minuten abkühlen lassen, dann servieren.

22. Gefüllte Tomaten

Zutaten:

- 8 kleine Tomaten oder 3 große

- 4 hartgekochte Eier, abgekühlt und geschält

- 6 Esslöffel Aioli oder Mayonnaise

- Salz und Pfeffer

- 1 EL Petersilie, gehackt

- 1 Esslöffel weiße Semmelbrösel, wenn Sie große Tomaten verwenden

Richtungen:

a) Tauchen Sie die Tomaten in ein Becken mit eiskaltem oder extrem kaltem Wasser, nachdem Sie sie 10 Sekunden lang in einem Topf mit kochendem Wasser gehäutet haben.

b) Schneiden Sie die Spitzen der Tomaten ab. Mit einem Teelöffel oder einem kleinen, scharfen Messer die Kerne und das Innere abkratzen.

c) Die Eier mit Aioli (oder Mayonnaise, falls verwendet), Salz, Pfeffer und Petersilie in einer Rührschüssel zerdrücken.

d) Die Tomaten mit der Füllung füllen und fest andrücken. Legen Sie die Deckel in einem flotten Winkel auf kleine Tomaten.

e) Füllen Sie die Tomaten bis zum Rand und drücken Sie fest, bis sie eben sind. 1 Stunde kühl stellen, bevor Sie sie mit einem scharfen Tranchiermesser in Ringe schneiden.

f) Mit Petersilie garnieren.

23.   Kabeljau-Krapfen mit Aioli

Serviert 6

Zutaten:

- 1 Pfund gesalzener Kabeljau, eingeweicht

- 3 1/2 oz. getrocknete weiße Semmelbrösel

- 1/4 Pfund mehlige Kartoffeln

- Olivenöl, zum flachen Braten

- 1/4 Tassen Milch

- Zitronenschnitze und Blattsalate zum Servieren

- 6 Frühlingszwiebeln fein gehackt

- Aioli

Richtungen:

a) In einem Topf mit leicht gesalzenem, kochendem Wasser die Kartoffeln ungeschält etwa 20 Minuten kochen, bis sie weich sind. Abfluss.

b) Die Kartoffeln schälen, sobald sie kalt genug zum Anfassen sind, dann mit einer Gabel oder einem Kartoffelstampfer zerdrücken.

c) Milch und die Hälfte der Frühlingszwiebeln in einem Topf mischen und zum Köcheln bringen. Fügen Sie den eingeweichten Kabeljau hinzu und pochieren Sie ihn 10-15 Minuten lang oder bis er leicht abblättert. Den Kabeljau aus der Pfanne nehmen und mit einer Gabel in eine Schüssel geben, Knochen und Haut entfernen.

d) 4 Esslöffel Kartoffelpüree mit dem Kabeljau zugeben und mit einem Holzlöffel vermischen.

e) Das Olivenöl einarbeiten, dann das restliche Kartoffelpüree nach und nach hinzugeben. Restliche Frühlingszwiebeln und Petersilie in einer Rührschüssel mischen.

f) Nach Geschmack mit Zitronensaft und Pfeffer abschmecken.

g) In einer separaten Schüssel ein Ei schlagen, bis es gut vermischt ist, dann kalt stellen, bis es fest ist.

h) Rollen Sie die gekühlte Fischmischung zu 12-18 Bällchen und drücken Sie sie dann vorsichtig zu kleinen runden Kuchen flach.

i) Jeder sollte zuerst bemehlt, dann in das restliche geschlagene Ei getaucht und mit trockenen Semmelbröseln vervollständigt werden.

j) Bis zum Frittieren kühl stellen.

k) In einer großen, schweren Bratpfanne etwa 3/4 Zoll Öl erhitzen. Braten Sie die Krapfen etwa 4 Minuten lang bei mittlerer Hitze.

l) Drehen Sie sie um und backen Sie sie weitere 4 Minuten oder bis sie auf der anderen Seite knusprig und goldbraun sind.

m) Vor dem Servieren mit Aioli, Zitronenschnitzen und Blattsalaten auf Küchenpapier abtropfen lassen.

24.   Garnelenkroketten

Ergibt etwa 36 Einheiten

Zutaten:

- 3 1/2 oz. Butter

- 4 Unzen. einfaches Mehl

- 1 1/4 Liter kalte Milch

- Salz und Pfeffer

- 14 oz. gekochte geschälte Garnelen, gewürfelt

- 2 Teelöffel Tomatenpüree

- 5 oder 6 EL feine Semmelbrösel

- 2 große Eier, geschlagen

- Olivenöl zum frittieren

Richtungen:

a) In einem mittelgroßen Topf die Butter schmelzen und das Mehl unter ständigem Rühren hinzugeben.

b) Die gekühlte Milch langsam unter ständigem Rühren einträufeln, bis eine dicke, glatte Sauce entsteht.

c) Die Garnelen hinzugeben, großzügig mit Salz und Pfeffer würzen und das Tomatenmark unterrühren. Weitere 7 bis 8 Minuten garen.

d) Nehmen Sie einen knappen Esslöffel der Zutaten und rollen Sie ihn zu 1 1/2 - 2-Zoll-Zylinderkroketten.

e) Die Kroketten im Paniermehl, dann im verquirlten Ei und zuletzt im Paniermehl wälzen.

f) In einer großen Pfanne mit schwerem Boden das Öl zum Frittieren erhitzen, bis es 350 °F erreicht oder ein Brotwürfel in 20-30 Sekunden goldbraun wird.

g) Etwa 5 Minuten in Portionen von nicht mehr als 3 oder 4 braten, bis sie goldbraun sind.

h) Mit einer Schaumkelle das Hähnchen herausnehmen, auf Küchenpapier abtropfen lassen und sofort servieren.

25.   Mit Reis gefüllte Paprika

Portionen: 4

Zutaten:

- 1 Pfund 2 Unzen. kurzkörniger spanischer Reis, wie Bomba oder Calasparra

- 2-3 Esslöffel Olivenöl

- 4 große rote Paprika

- 1 kleine rote Paprika, gehackt

- 1/2 Zwiebel, gehackt

- 1/2 Tomate, gehäutet und gehackt

- 5 oz. gehacktes / gehacktes Schweinefleisch oder 3 Unzen. Salz Kabeljau

- Safran

- Gehackte frische Petersilie

- Salz

Richtungen:

a) Kratzen Sie die inneren Membranen mit einem Teelöffel heraus, nachdem Sie die Stielenden der Paprikaschoten abgeschnitten haben, und bewahren Sie sie als Deckel auf, um sie später wieder einzusetzen.

b) Das Öl erhitzen und die rote Paprika vorsichtig anschwitzen, bis sie weich ist.

c) Die Zwiebel anbraten, bis sie weich ist, dann das Fleisch hinzufügen und leicht bräunen, die Tomate nach ein paar Minuten hinzufügen, dann den gekochten Pfeffer, den rohen Reis, den Safran und die Petersilie hinzufügen. Mit Salz abschmecken.

d) Füllen Sie die Paprikaschoten vorsichtig und legen Sie sie seitlich auf eine feuerfeste Form. Achten Sie darauf, dass Sie die Füllung nicht verschütten.

e) Das Gericht zugedeckt im heißen Backofen etwa 1 1/2 Stunden garen.

f) Der Reis wird in der Tomaten-Paprika-Flüssigkeit gekocht.

26.   Calamari mit Rosmarin und Chiliöl

Portionen: 4

Zutaten:

- Natives Olivenöl extra
- 1 Bund frischer Rosmarin
- 2 ganze rote Chilischoten, entkernt und fein gehackt 150ml Sahne
- 3 Eigelb
- 2 Esslöffel geriebener Parmesankäse
- 2 Esslöffel Mehl
- Salz und frisch gemahlener schwarzer Pfeffer
- 1 Knoblauchzehe, geschält und zerdrückt
- 1 Teelöffel getrockneter Oregano
- Pflanzenöl zum frittieren
- 6 Tintenfisch, gesäubert und in Ringe geschnitten
- Salz

Richtungen:

a) Für das Dressing Olivenöl in einem kleinen Topf erhitzen und Rosmarin und Chili einrühren. Aus der Gleichung entfernen.

b) In einer großen Rührschüssel Sahne, Eigelb, Parmesankäse, Mehl, Knoblauch und Oregano verquirlen. Mischen, bis der

Teig glatt ist. Mit schwarzem Pfeffer, frisch gemahlen, würzen.

c) Heizen Sie das Öl zum Frittieren oder bis ein Brotwürfel in 30 Sekunden braun wird auf 200 °C vor.

d) Tauchen Sie die Tintenfischringe einzeln in den Teig und legen Sie sie vorsichtig in das Öl. 2-3 Minuten goldbraun backen.

e) Auf Küchenpapier abtropfen lassen und sofort mit dem Dressing darüber gießen. Bei Bedarf mit Salz abschmecken.

27. Tortellini-Salat

Portionen: 8

Zutaten:

- 1 Packung dreifarbige Käse-Tortellini
- $\frac{1}{2}$ Tasse gewürfelte Peperoni
- $\frac{1}{4}$ Tasse geschnittene Frühlingszwiebeln
- 1 gewürfelte grüne Paprika
- 1 Tasse halbierte Kirschtomaten
- $1\frac{1}{4}$ Tassen geschnittene Kalamata-Oliven
- $\frac{3}{4}$ Tasse gehackte marinierte Artischockenherzen 6 oz. gewürfelter Mozzarella-Käse 1/3 Tasse italienisches Dressing

Richtungen:

a) Die Tortellini nach Packungsanweisung garen, dann abgießen.

b) Die Tortellini mit den restlichen Zutaten, ohne Dressing, in einer großen Rührschüssel mischen.

c) Das Dressing darüber träufeln.

d) 2 Stunden zum Kühlen beiseite stellen.

28.   Caprese Nudelsalat

Portionen: 8

Zutaten:

- 2 Tassen gekochte Penne-Nudeln
- 1 Tasse Pesto
- 2 gehackte Tomaten
- 1 Tasse gewürfelter Mozzarella-Käse
- Salz und Pfeffer nach Geschmack
- 1/8 Teelöffel Oregano
- 2 Teelöffel Rotweinessig

Richtungen:

a) Kochen Sie die Nudeln gemäß den Anweisungen auf der Packung, was etwa 12 Minuten dauern sollte. Abfluss.

b) In einer großen Rührschüssel Nudeln, Pesto, Tomaten und Käse vermengen; mit Salz, Pfeffer und Oregano würzen.

c) Rotweinessig darüber träufeln.

d) 1 Stunde in den Kühlschrank stellen.

29.   Balsamico-Bruschetta

Portionen: 8

Zutaten:

- 1 Tasse entkernte und gewürfelte Roma-Tomaten

- $\frac{1}{4}$ Tasse gehacktes Basilikum

- $\frac{1}{2}$ Tasse geriebener Pecorino-Käse

- 1 gehackte Knoblauchzehe

- 1 Esslöffel Balsamico-Essig

- 1 Teelöffel Olivenöl

- Mit Salz und Pfeffer abschmecken – Vorsicht, da der Käse alleine etwas salzig ist.

- 1 geschnittenes französisches Brot

- 3 Esslöffel Olivenöl

- $\frac{1}{4}$ Teelöffel Knoblauchpulver

- $\frac{1}{4}$ Teelöffel Basilikum

Richtungen:

a) In einer Rührschüssel Tomaten, Basilikum, Pecorino-Käse und Knoblauch mischen.

b) In einer kleinen Rührschüssel den Essig und 1 Esslöffel Olivenöl verquirlen; zur Seite legen. c) Die Brotscheiben mit Olivenöl, Knoblauchpulver und Basilikum beträufeln.

c) Auf eine Backform legen und 5 Minuten bei 350 Grad rösten.

d) Aus dem Ofen nehmen. Dann die Tomaten-Käse-Mischung darüber geben.

e) Bei Bedarf mit Salz und Pfeffer würzen.

f) Sofort servieren.

30. Pizzabällchen

Portionen: 10

Zutaten:

- 1 Pfund zerkrümelte gemahlene Wurst
- 2 Tassen Bisquit-Mix
- 1 gehackte Zwiebel
- 3 gehackte Knoblauchzehen
- $\frac{3}{4}$ Teelöffel italienische Gewürze
- 2 Tassen geriebener Mozzarella-Käse
- 1 $\frac{1}{2}$ Tassen Pizzasauce - geteilt
- $\frac{1}{4}$ Tasse Parmesankäse

Richtungen:

a) Ofen auf 400 Grad Fahrenheit vorheizen.

b) Bereiten Sie ein Backblech vor, indem Sie es mit Antihaft-Kochspray besprühen.

c) Mischen Sie die Wurst, die Bisquick-Mischung, die Zwiebel, den Knoblauch, das italienische Gewürz, den Mozzarella-Käse und die Pizzasauce mit 12 Tassen in einer Rührschüssel.

d) Danach fügen Sie gerade genug Wasser hinzu, um es brauchbar zu machen.

e) Rollen Sie den Teig in 1-Zoll-Kugeln.

f) Den Parmesankäse über die Pizzabällchen träufeln.

g) Anschließend die Kugeln auf das vorbereitete Backblech legen.

h) Ofen auf 350°F vorheizen und 20 Minuten backen.

i) Mit der restlichen Pizzasauce zum Dippen servieren.

31.   Auberginen mit Honig

Portionen: 2

Zutaten:

- 3 Esslöffel Honig

- 3 Auberginen

- 2 Tassen Milch

- 1 Esslöffel Salz

- 1 Esslöffel Pfeffer

- 100 g Mehl

- 4 Esslöffel Olivenöl

Richtungen:

a) Die Aubergine in dünne Scheiben schneiden.

b) Kombinieren Sie die Auberginen in einer Rührschüssel. Gießen Sie genug Milch in das Becken, um die Auberginen vollständig zu bedecken. Mit einer Prise Salz würzen.

c) Mindestens eine Stunde einweichen lassen.

d) Auberginen aus der Milch nehmen und beiseite stellen. Jede Scheibe mit Mehl bestreichen. In einer Salz-Pfeffer-Mischung wenden.

e) In einer Pfanne das Olivenöl erhitzen. Die Auberginenscheiben bei 180 Grad frittieren.

f) Legen Sie die gebratenen Auberginen auf Küchenpapier, um überschüssiges Öl aufzusaugen.

g) Die Auberginen mit Honig beträufeln.

h) Dienen.

32.   In Apfelwein gekochte Wurst

Portionen: 3

Zutaten:

- 2 Tassen Apfelwein

- 8 Chorizo-Würstchen

- 1 Esslöffel Olivenöl

Richtungen:

a) Chorizo in dünne Scheiben schneiden.

b) In einer Pfanne das Öl erhitzen. Ofen auf mittlere Stufe vorheizen.

c) Chorizo hineingeben. Frittieren, bis sich die Farbe des Lebensmittels ändert.

d) Apfelwein einfüllen. 10 Minuten kochen, oder bis die Sauce etwas eingedickt ist.

e) Zu diesem Gericht sollte Brot gereicht werden.

f) Genießen!!!

33.   Italienische Hähnchengebäck-Häppchen

Portionen: 8 Bündel

Zutat

- 1 Dose Halbmondbrötchen (8 Brötchen)

- 1 Tasse Gehacktes, gekochtes Huhn

- 1 Esslöffel Spaghetti-Sauce

- $\frac{1}{2}$ Teelöffel gehackter Knoblauch

- 1 Esslöffel Mozzarella-Käse

Richtungen:

a) Den Ofen auf 350 Grad Fahrenheit vorheizen. Kombinieren Sie das Huhn, die Sauce und den Knoblauch in einer Pfanne und kochen Sie, bis es durchgewärmt ist.

b) Dreiecke aus separaten Halbmondrollen. Die Hühnermischung in der Mitte jedes Dreiecks verteilen.

c) Falls gewünscht, den Käse auf ähnliche Weise verteilen.

d) Die Seiten der Rolle zusammendrücken und um das Hähnchen wickeln.

e) Auf einem Backstein 15 Minuten backen oder bis sie goldbraun sind.

34.   Knusprige italienische Popcornmischung

Portionen: 10 Portionen

Zutat

- 10 Tassen Popcorn

- 3 Tassen Hornförmige Maissnacks

- $\frac{1}{4}$ Tasse Margarine oder Butter

- 1 Teelöffel italienische Gewürze

- $\frac{1}{2}$ Teelöffel Knoblauchpulver

- $\frac{1}{3}$ Tasse Parmesankäse

Richtungen:

a) Kombinieren Sie in einer großen mikrowellengeeigneten Schüssel Popcorn und Maissnack. Kombinieren Sie in einem mikrosicheren Maß von 1 Tasse die restlichen Zutaten, außer dem Käse.

b) Mikrowelle für 1 minte auf HOCH oder bis Margarine schmilzt; Aufsehen. Die Popcornmischung darüber gießen.

c) Rühren, bis alles gleichmäßig bedeckt ist. Ohne Deckel 2-4 Minuten in die Mikrowelle geben, bis sie geröstet sind, dabei jede Minute umrühren. Parmesankäse sollte darüber gestreut werden.

d) Heiß servieren.

HAUPTGERICHT

35. Erdnuss-Satay-Tofu-Spieße

Zutaten

- 1 Schachtel Bio-Tofu, fest

- Erdnuss-Satay-Sauce

- 3 Esslöffel natürliche Erdnussbutter

- 2 Esslöffel Sojasauce

- 1 Esslöffel Reisessig

- 2 Teelöffel verpackter dunkelbrauner Zucker

- 1 Teelöffel frisch geriebener Ingwer

- 1 Knoblauchzehe, gehackt

- 1-2 Esslöffel Wasser

Richtungen

a) Mischen Sie in einer Schüssel alle Zutaten, bis sie zusammenkommen. Die Sauce halbieren und für Folgendes verwenden:

b) Für die Tofu-Marinade: Zum Verdünnen zusätzlich 2 Teelöffel Fischsauce und 2 Esslöffel Wasser hinzugeben.

c) Für den Dip: Mit etwas Wasser verdünnen, bis die gewünschte Konsistenz erreicht ist.

Zubereitung des Tofus:

d) Wickeln Sie es um ein Küchentuch und drücken Sie es nach unten, um überschüssiges Wasser abzulassen.

e) Den Tofu in 4 dicke Scheiben schneiden. Wenn Sie es etwas dünner mögen, schneiden Sie 6 dicke Scheiben waagerecht. Ich neige dazu, meine auf der dickeren, "fleischigeren" Seite zu mögen. Legen Sie den Tofu in ein rechteckiges Gefäß und gießen Sie die Tofu-Marinade darüber. Den Tofu vollständig mit der Sauce bedecken und mindestens 30 Minuten marinieren lassen, um den Geschmack aufzunehmen.

f) Den Grillrost mit etwas Öl bepinseln, um ein Anhaften zu verhindern, und bei starker Hitze 3 Minuten auf jeder Seite grillen.

g) Spieße zum Tofu geben und mit Erdnuss-Saté-Dip servieren. Mit weiteren Erdnüssen, Limette und Koriander garnieren.

h) Um die Reisschüssel zusammenzustellen, fügen Sie Ihr frisches Lieblingsgemüse hinzu und servieren Sie es mit extra Erdnusssauce.

36. Jjapaguri-Nudeln mit schwarzen Bohnen und Steak

Zutaten

- 1 Esslöffel Olivenöl

- 1 Vidalia-Zwiebel, in 1-Zoll-Stücke geschnitten

- 1 Zucchini, in 1 cm große Stücke geschnitten

- $\frac{1}{4}$ Tasse koreanische schwarze Bohnenpaste

- 1 Esslöffel Sesamöl

- 2 Teelöffel Zucker

- 2 Teelöffel Gochujang

- 3 Knoblauchzehen

- 1 Teelöffel Ingwer, gehackt

- 1 Tasse Hühnerbrühe

- 1 Tasse

- 1 Ribeye-Steak

- Salz und Pfeffer nach Geschmack

Richtungen

a) Das Ribeye-Steak trocken tupfen und großzügig mit Salz und Pfeffer würzen. Beiseite legen.

b) In einer gusseisernen Pfanne die Hitze auf höchste Stufe stellen. Wenn es zu rauchen beginnt, das Fleisch hinzugeben und auf jeder Seite 3-4 Minuten anbraten. Dadurch erhalten Sie ein Medium Rare – Medium Steak. Wenn Sie es fertiger haben möchten, kochen Sie es länger. Sobald Sie fertig sind, aus der Pfanne nehmen und beiseite stellen.

c) In einem anderen Topf die Nudeln nach Packungsanweisung kochen. Abgießen und abspülen, um jegliche Stärke zu entfernen. Beiseite legen.

d) In einer großen Pfanne bei mittlerer Hitze Öl hinzufügen und heiß werden lassen. Sobald es heiß ist, reduzieren Sie die Hitze auf mittel niedrig und fügen Sie Vidalia-Zwiebeln hinzu. 10-15 Minuten anbraten, bis es schön weich ist. Sie werden eine leichte Bräunung auf der Pfanne sehen, aber wir werden dies später ablöschen. Als nächstes Zucchini hinzufügen und weitere 3 Minuten kochen.

e) Fügen Sie koreanische schwarze Bohnenpaste, Sesamöl, Zucker, Gochujang, Knoblauch, Ingwer und Hühnerbrühe hinzu. Bei mittlerer Hitze 5 Minuten köcheln lassen, bis es anfängt zu blubbern und leicht eindickt. Die gekochten Nudeln in die Sauce geben und gut mischen, bis sie überzogen sind.

f) Die Nudeln mit etwas in Scheiben geschnittenem Ribeye anrichten, mit Sesamsamen und Frühlingszwiebeln garnieren. Genießen!

37. Butterlachs mit Zitronenkräuter

Zutaten

- 2 Esslöffel Butter bei Zimmertemp

- Schale von Zitrone

- Saft einer halben Zitrone

- Frische Kräutermischung (Petersilie, Basilikum, Rosmarin)

- 3 Knoblauchzehen

- 1 TL koscheres Salz

Richtungen

a) Butter, Zitronenschale, Zitronensaft, Kräutermischung, Knoblauchzehen und Salz in einer Schüssel mischen. Mach dir keine Sorgen, wenn sich der Zitronensaft nicht untermischt – wir werden sowieso alles später schmelzen. Mischung beiseite stellen.

b) Um den Lachs zu kochen, geben Sie in einer beschichteten Pfanne ein wenig Öl hinzu und braten Sie jede Seite 4-6 Minuten lang an, bis sie außen goldbraun ist, und fügen Sie dann die zusammengesetzte Buttermischung hinzu. Lassen Sie es schmelzen und für eine Sekunde kochen und es ist fertig.

38.   Dan-Dan-Nudeln

Zutaten

- 1 Pfund Hackfleisch

- 3 gehackte Knoblauchzehen

- 1 Esslöffel gehackter Ingwer

- 1-1 1/2 Tasse Hühnerbrühe

- 1 Esslöffel Chiliöl

- 1 Esslöffel Reisessig

- $\frac{1}{4}$ Tasse Sojasauce

- 3 Esslöffel Tahin

Richtungen

a) In einer Schüssel Sojasauce, Tahini, Reisessig, Chiliöl
   hinzufügen und gut vermischen.

b) In einem großen Wok Öl hinzufügen und richtig heiß werden
   lassen. Schweinefleisch hinzugeben und mit etwas Salz,
   Knoblauch und Ingwer würzen. Kochen, bis es schön krümelig
   ist, das Schweinefleisch mit dem Löffel zerkleinern. Gießen
   Sie die Sauce zusammen mit etwas Hühnerbrühe darüber.
   Kochen, bis die Sauce eingedickt ist – weitere 5 Minuten,
   wenn Sie es extra dick haben möchten.

c) Über Ramen-Nudeln servieren und mit zerkleinerten Gurken und schwarzem Sesam garnieren. Genießen!

39. Miso-Ingwer-Schweinefleischpfanne

Zutaten

- 1 Pfund Schweinefilet, dünn geschnittenes Läuseschweinefleisch

- 1 Esslöffel Sojasauce

- 3 Knoblauchzehen, gehackt

- 1 Teelöffel Sesamöl

Pfannengerichte-Sauce:

- 1 Knoblauchzehe, gehackt

- 1 Esslöffel Ingwer, gehackt

- 2 Esslöffel Sojasauce

- 1 Esslöffel Mirin

- 1 Esslöffel Misopaste

- 2 Teelöffel brauner Zucker

- 2 Teelöffel Maisstärke

- 1 Esslöffel Wasser (optional) - das macht es "frecher"

- Gemüse - je 1 Tasse Spargel, Karotten, Zucchini, geschnittene Zwiebeln.

Richtungen

a) Das Schweinefilet auf einem Schneidebrett in dünne Scheiben schneiden und in eine große Schüssel geben. Mit Sojasauce, Sesamöl und Knoblauch mischen. 15 Minuten beiseite stellen.

b) In der Zwischenzeit die Wok-Sauce verrühren. In einer kleinen Schüssel Knoblauch, Ingwer, Sojasauce, Misopaste, Mirin, braunen Zucker, Maisstärke und, wenn Sie viel Sauce haben möchten, Wasser hinzufügen.

c) Den Wok mit etwas Öl erhitzen, bis er rauchend heiß ist. Fügen Sie das Schweinefleisch hinzu und braten Sie es unter Rühren, bis es durchgegart ist – bei 145 Grad. Fügen Sie das gemischte Gemüse hinzu und kochen Sie es auf dem heißen Wok weiter, bis es leicht gekocht ist, aber noch knusprig ist.

d) Fügen Sie die Wok-Sauce hinzu und mischen Sie weitere 2 Minuten, bis die Sauce eingedickt und heiß ist.

40.   Ahorn gebratener Lachs und Gemüse

Zutaten

- 3 Lachsfilets

- 2 Esslöffel grober Senf

- 2 Esslöffel Ahornsirup

- 1 Teelöffel Chilipulver

- 1 Knoblauchzehe, gehackt

- 1 Teelöffel koscheres Salz

- Spritzer Olivenöl

- 1 Tüte Landkartoffeln, Weißkohl und Waldpilze

Richtungen

a) In einer Schüssel Senf, Ahornsirup, Knoblauch, Chilipulver, Salz und Olivenöl vermischen. Beiseite legen.

b) Auf ein mit Backpapier ausgelegtes Backblech das gefrorene Gemüse gießen und in der Mitte Platz für den Lachs lassen. Legen Sie die Lachsfilets hin und bestreichen Sie jedes Filet mit der Ahorn-Senf-Mischung.

c) Backen Sie bei 400 Grad für 10-12 Minuten und werfen Sie das Gemüse nach der Hälfte der Zeit um, um es gleichmäßig zu garen.

d) Lassen Sie es ausreichend abkühlen, um es anzufassen, und servieren Sie es auf einem Teller mit Blattgemüse und garnieren Sie es mit einer Zitronenscheibe. Genießen!

41.   Miso-Knödelsuppe

Zutaten

- 4 Tassen Miso-Ingwer-Brühe

- 8-10 Potstickers, gefroren

- 1/2 Tasse Brokkoli

- 1 Stängel Baby-Brokkoli

- 1 Tasse Pilze, gefroren

- 1 Teelöffel Sojasauce

- 1/2 Teelöffel Sesamöl

Richtungen

a) Fügen Sie in einem Topf oder Topf Miso-Ingwer-Brühe (oder Ihre Lieblingsbrühe) hinzu und lassen Sie sie bei mittlerer Hitze zum Kochen bringen. Potstickers, Brokkoli und Pilze hinzugeben und 2 Minuten kochen lassen.

b) Pak Choi, Sojasauce, Sesamöl hinzufügen und Hitze abstellen. Lassen Sie den Pak Choi für ein oder zwei Minuten zusammenfallen und servieren Sie ihn in einer Schüssel.

42.   Spaghetti alla puttanesca

Zutaten

- 2 Knoblauchzehen, grob gehackt

- 4 Sardellenfilets

- 1 Esslöffel Kapern

- 28 Unzen. zerkleinerte Tomaten

- $\frac{1}{2}$ Tasse schwarze Oliven, halbiert

- $\frac{1}{4}$ Tasse Kalamata-Oliven, halbiert

- 1 Tasse Wasser

- $\frac{1}{2}$ Pfund Spaghetti, ungekocht

- $\frac{1}{4}$ Tasse Petersilie, gehackt

- Parmesan Käse

- Olivenöl

Richtungen

a) Olivenöl in einen großen Topf geben und bei mittlerer Hitze heiß werden lassen. Fügen Sie Knoblauch hinzu und lassen Sie ihn eine Minute kochen, bis er duftet.

b) Fügen Sie Sardellenfilets hinzu und brechen Sie sie eine Minute lang auf, bis sie vom Öl absorbiert werden. Kapern hinzufügen und zerdrücken. Tomatensauce, Oliven, Wasser und Spaghetti hinzufügen.

c) Köcheln lassen und die Nudeln mit der Sauce 10-12 Minuten kochen, bis die Nudeln al dente sind. Achten Sie darauf, den Topf hin und wieder umzurühren, damit die Nudeln am Boden nicht anbrennen.

d) Sobald die Nudeln gar sind, Petersilie und einen Spritzer Olivenöl unterrühren und servieren. Fügen Sie gehobelten Parmesan hinzu und genießen Sie!

BEILAGE UND SALAT

43.   Gesunde Lachs- und Gemüsenudeln

Zutaten

- ½ Pfund Lachs, in große Würfel geschnitten

- 1 Tasse Spargel, gehackt

- 2 Knoblauchzehen, gehackt

- 24 Unzen. Marinara-Sauce im Glas

- 1 Tasse Wasser

- ½ Pfund Linguine-Nudeln, ungekocht

- 1 Tasse gewürfelte Tomaten

- Frischer Basilikum

- Parmesan Käse

Richtungen

a) In einem großen Topf bei mittlerer Hitze etwas Olivenöl träufeln und heiß werden lassen. Lachsstücke zugeben und 2 Minuten sanft garen. Spargel und etwas Salz und Pfeffer zugeben. Weitere 3-4 Minuten garen, bis der Lachs gar ist. Aus dem Topf nehmen und beiseite stellen.

b) Im selben Topf mit dem restlichen Öl des Lachses Knoblauch hinzufügen und eine Minute lang anbraten, bis er duftet. Dann Marinara und Linguine-Nudeln hinzufügen.

c) Die Hitze auf mittlere Stufe herunterschalten und 12-14 Minuten kochen, bis die Nudeln gar sind. Lachs und Spargel zusammen mit Tomatenwürfeln, Basilikum und Parmesan wieder dazugeben.

44.   Kürbis-Farro-Pilaw

Zutaten

- 1 Tasse Schnellkoch Farro
- 1 Tasse Zuckerkürbis, in 1/2-Zoll-Stücke geschnitten
- 1 Tasse Portobello-Pilze, gehackt
- 1 mittelgroße Zwiebel
- 2 Tassen Hühnerbrühe
- 3 gehackte Knoblauchzehen
- 1 Esslöffel Olivenöl
- 1/2 TL Kurkuma
- 1/4 TL geräucherter Paprika
- Parmesan Käse
- Salz und Pfeffer nach Geschmack

Richtungen

a) In einer großen Pfanne Olivenöl und Zwiebel hinzufügen. 5-7 Minuten bei mittlerer Hitze anbraten, bis sie leicht gebräunt und karamellisiert sind

b) Und Kürbis, Pilze, geräucherter Paprika und Knoblauch. 5 Minuten weiterbraten, bis die Pilze weich sind.

c) Farro, Salbei und 2 Tassen Hühnerbrühe (Gemüsebrühe, wenn vegan) hinzufügen. Bei mittlerer Hitze 15 Minuten köcheln lassen, bis die Flüssigkeit den Farro aufgesogen hat. Ausschalten und mit Deckel abdecken. Lassen Sie es weitere 10 Minuten dämpfen.

d) Mit Salz und Pfeffer abschmecken. Mit einer Gabel auflockern, mit Parmesan und mehr Salbei bestreuen.

45.   Elote-Feldsalat

Zutaten

- 5 Tassen Mais (gefroren, aufgetaut)

- 1 Esslöffel saure Sahne

- 1 Esslöffel Mayonnaise

- 1/2 TL Kreuzkümmel

- 1 TL Chilipulver

- 1 1/2 TL Tajin

- 1/4 Tasse Queso-Fresko

- 2 Esslöffel Koriander

- Saft einer halben Limette

- Salz und Pfeffer nach Geschmack

Richtungen

a) In einer Schüssel saure Sahne, Mayonnaise, Kreuzkümmel, Chilipulver, Tajin, Limettensaft mischen und gut vermischen.

b) Mais hinzufügen und mischen. Probieren Sie, um sicherzustellen, dass der Geschmack Ihren Wünschen entspricht.

c) Queso Fresco und Koriander vorsichtig einrühren. Mit etwas mehr Queso-Fresko und Koriander, einer Prise Tajin und servieren!

46.   Rindfleisch-Sesam-Ramen-Salat

Zutaten

- 1 Pfund Rinderfilet oder Ihr Lieblingsfleischstück

- $\frac{1}{4}$ Tasse Sojasauce

- 1 Teelöffel Worcestershire-Sauce

- 1 Esslöffel Dijon-Senf

- 1 Teelöffel Zucker

- 4 gehackte Knoblauchzehen

- Pfeffer

Richtungen

a) In einem flachen Behälter alle Zutaten mischen und das Rindfleisch zur Marinade geben.

b) Über Nacht im Kühlschrank marinieren. Wenn Sie fertig sind, grillen Sie jede Seite 4-5 Minuten lang bei mittlerer Hitze. 10 Minuten ruhen lassen und dann in Scheiben schneiden.

c) Zubereitung des Dressings: Dies ist ein Sesam-Soja-Dressing, das Sie vielleicht aus Ihrem japanischen Lieblingsrestaurant kennen.

d) Fügen Sie gemischtes Gemüse hinzu und fügen Sie dann die Ramen hinzu. Dressing mit dem Sesam-Dressing und fügen Sie Ihr Lieblingsgemüse / Toppings hinzu.

47.   Poke-Soba-Nudelsalat

Zutaten

- 1 Pfund frischer Thunfisch – Gelbflossen- oder Ahi

- 1 Esslöffel Sojasauce

- 1 Esslöffel Sesamöl

- 1 Esslöffel Orangensaft

- 1 Teelöffel hawaiianisches Alaea-Salz

- 1/4 Tasse dünn süße Zwiebeln

- Dash oder Togarashi

Richtungen

a) Achten Sie bei der Verwendung von Fish for Poke immer darauf, dass es der frischeste ist, den Sie bekommen können.

b) In einer Schüssel die Sauce mit den Zwiebeln vermischen. Fügen Sie dann den Thunfisch hinzu und stellen Sie sicher, dass er gut mit der Sauce überzogen ist. Bis zum Genuss in den Kühlschrank stellen.

c) Um nun das Soba-Dressing zuzubereiten, ist es ein leichtes Ponzu-Dressing, das eine mit Zitrusfrüchten gewürzte Soja-Vinaigrette ist. Es ist ein bisschen interessant, lässt aber dennoch die Aromen des Sacks durchscheinen!

48.   Soba-Ponzu-Dressing

Zutaten

- $\frac{1}{4}$ Tasse Ponzu-Sojasauce

- 1 Esslöffel Sesamöl

- 1 Esslöffel Mirin

- 1 Esslöffel Honig

- Wasser

Richtungen

a) Kombiniere alles.

49.   Algensalat

Zutaten

- 3 Esslöffel Essig

- 1 Esslöffel Zucker

- 1 Esslöffel Sesamöl

- 1 Teelöffel gehackter Knoblauch

- 1 Teelöffel Sojasauce

Richtungen

a) Kombinieren Sie in einer Schüssel alle Zutaten und mischen Sie 2 Tassen zerkleinerten Algensalat hinein, der in kleinere Stücke geschnitten ist.

b) Gut mischen und 1 Stunde marinieren lassen und im Kühlschrank kalt stellen. Genießen!

50.   Elote Maissalat

Zutaten

- 5 Tassen Mais (gefroren, aufgetaut)

- 1 Esslöffel saure Sahne

- 1 Esslöffel Mayonnaise

- 1/2 TL Kreuzkümmel

- 1 TL Chilipulver

- 1 1/2 TL Tajin

- 1/4 Tasse Queso-Fresko

- 2 Esslöffel Koriander

- Saft einer halben Limette

- Salz und Pfeffer nach Geschmack

Richtungen

a) In einer Schüssel saure Sahne, Mayonnaise, Kreuzkümmel, Chilipulver, Tajin, Limettensaft mischen und gut vermischen.

b) Mais hinzufügen und mischen. Probieren Sie, um sicherzustellen, dass der Geschmack Ihren Wünschen entspricht.

c) Queso Fresco und Koriander vorsichtig einrühren. Mit etwas mehr Queso-Fresko und Koriander, einer Prise Tajin und servieren!

51.   Garnelen-Soba-Nudelsalat

Zutaten

Garnelen-Marinade:

- 2 Esslöffel Sojasauce

- 1 Esslöffel Honig

- 1 Esslöffel Olivenöl

- 1 Esslöffel Limettensaft

- 2 TL gehackter Ingwer

- 3 Zehen gehackter Knoblauch

- 1 Pfund Garnelen (entdarmt, geschält)

Salatzutaten:

- 1 Champagner-Mango, geschält und in Scheiben geschnitten

- 1 rote Paprika, in dünne Scheiben geschnitten

- 3 Blätter Dino Kale, gehackt

- 1 Tasse gehackter Lilakohl

- 2 Stangen Frühlingszwiebeln, gehackt

- 1/2 Tasse gehackter Koriander

Salatsoße:

- 1/4 Tasse Limettensaft

- 2 Esslöffel Sojasauce

- 1 Esslöffel Honig

- 2 TL gehackter Ingwer

- 1/4 TL Sesamöl

- 2 Esslöffel Olivenöl

- Salz und Pfeffer nach Geschmack

Richtungen

a) 2 Bündel Sobanudeln kochen. 4 Minuten kochen, dann abgießen und abkühlen lassen.

b) Garnelen in einer gusseisernen Pfanne mit Olivenöl 3 Minuten garen, wenden und 1 Minute fertig garen.

c) In einer anderen Schüssel die Dressing-Zutaten zusammen geben und gut vermischen.

d) Werfen Sie das vorbereitete Gemüse zusammen mit den abgekühlten Soba-Nudeln und bewahren Sie die Mangos für später auf, damit sie keine blauen Flecken bekommen. Fügen Sie das Dressing hinzu und stellen Sie sicher, dass alles bedeckt ist.

e) Auf einen Teller geben und mit weiteren geschnittenen Mangos garnieren.

SUPPEN

52.   Kokos-Curry-Nudelsuppe mit Hühnerfleisch

Zutaten

- 1 Esslöffel gelbe oder rote Currypaste

- 1 Esslöffel Fischsauce

- 1 Teelöffel Zucker oder Ahornsirup

- 2 Knoblauchzehen, gehackt

- 1 Esslöffel Schalotten, gehackt

- 3 Tassen pikanter Ingwer und cremige Kurkuma-Brühe

- 1 Tasse ungesüßtes Kokosmilchgetränk

- 2 Baby Pak Choi, längs halbiert

- 2 Hähnchenschenkel, in kleine Stücke geschnitten

- 1/2 Packung Reisnudeln

- 1 Limette, in Spalten geschnitten

- Koriander zum Garnieren

Richtungen

a) Beginnen Sie, indem Sie Ihre Reisnudeln 10 Minuten lang in warmem Wasser einweichen.

b) In einem großen Topf mit etwas Öl auf mittlerer Stufe erhitzen. Fügen Sie den Knoblauch und die Schalotten hinzu und braten Sie sie eine Minute lang an, bis sie duften. Fügen Sie die Currypaste hinzu und kochen Sie sie für eine weitere Minute, um die Gewürze zu rösten. Gießen Sie die pazifische Nahrungsbrühe Zesty Ginger and Curcuma Plant-Based und die Kokosmilch hinein. Lassen Sie es zum Kochen bringen und niedriger köcheln lassen.

c) In einer anderen Pfanne auf mittlere Hitze kommen lassen und etwas Öl hinzufügen. Braten Sie den Pak Choi schnell an, bis er leicht verkohlt ist, und geben Sie ihn auf einen Teller. Fügen Sie in derselben Pfanne das Hähnchen (oder den Tofu) hinzu, würzen Sie es mit Salz und Pfeffer und braten Sie es unter Rühren, bis es vollständig durchgegart ist. Diese in den Suppentopf geben und weitere 10-15 Minuten bei schwacher Hitze köcheln lassen.

d) Wenn Sie servierfertig sind, lassen Sie die eingeweichten Reisnudeln abtropfen und kochen Sie sie separat in einem anderen Topf mit kochendem Wasser gemäß den Anweisungen auf der Verpackung. Gekochte Nudeln in eine große Schüssel geben, etwas Suppe auf die Nudeln gießen, Pak Choi und einen Spritzer Limette dazugeben und mit Koriander garnieren. Genießen!

53.　　　Miso-Knödelsuppe

Zutaten

- 4 Tassen Miso-Ingwer-Brühe

- 8-10 Potstickers, gefroren

- 1/2 Tasse Brokkoli

- 1 Stängel Baby-Brokkoli

- 1 Tasse Pilze, gefroren

- 1 Teelöffel Sojasauce

- 1/2 Teelöffel Sesamöl

Richtungen

a) Fügen Sie in einem Topf oder Topf Miso-Ingwer-Brühe (oder Ihre Lieblingsbrühe) hinzu und lassen Sie sie bei mittlerer Hitze zum Kochen bringen. Potstickers, Brokkoli und Pilze hinzugeben und 2 Minuten kochen lassen. Pak Choi, Sojasauce, Sesamöl hinzufügen und Hitze abstellen.

b) Lassen Sie den Pak Choi für ein oder zwei Minuten zusammenfallen und servieren Sie ihn in einer Schüssel.

54.   Thailändische Kokosnuss-Ramen-Suppe

Zutaten

- 2 Esslöffel Olivenöl

- 1 Tasse geschnittene Pilze

- $\frac{1}{2}$ Tasse geschnittene rote Paprika

- 3 Knoblauchzehen

- 1 Esslöffel thailändische rote Currypaste

- 1 Hähnchenbrust, in Scheiben geschnitten

- 4 Tassen Hühnerbrühe

- 1 Tasse Kokosmilch

- 1 Esslöffel Fischsauce

- 1 Esslöffel brauner Zucker

- 1 Stiel Zitronengras

- 2 Kaffirlimettenblätter

- Bok Choy / Spinat / Gemüse

- Limettensaft

- Koriander

- Grüne Zwiebeln

Richtungen

a) Olivenöl in einen Topf geben und heiß werden lassen. Geschnittenes Hähnchen dazugeben und mit Salz und Pfeffer würzen. 5 Minuten anbraten, bis es gar ist. Vom Herd nehmen. Fügen Sie einen weiteren Spritzer Olivenöl hinzu und fügen Sie das zerdrückte Zitronengras hinzu. Fügen Sie Pilze, Paprika, Knoblauch hinzu und braten Sie es 3 Minuten lang an. Rote Currypaste zugeben und gut vermischen. Kokosmilch, Hühnerbrühe, Fischsauce, braunen Zucker und Kaffirlimettenblätter hinzugeben. Sie können getrocknete Blätter in der Abteilung für asiatische Spezialitäten finden, wenn Sie keine frischen Blätter finden können (normalerweise in asiatischen Lebensmittelgeschäften erhältlich).

b) Lassen Sie die Brühe 20 Minuten köcheln und fügen Sie dann das Hühnchen wieder hinzu. Fügen Sie kurz vor dem Servieren die Nudeln hinzu und bringen Sie die Brühe zum Kochen, fügen Sie einen Spritzer Limette und Pak Choi hinzu und schalten Sie die Hitze aus. Sie möchten, dass der Pak Choi immer noch knusprig bleibt, sonst wird er super wässrig. Mit den Nudeln in eine Schüssel geben und genießen.

c) Top mit Koriander und Frühlingszwiebeln und einem weiteren Spritzer Limette, wenn Sie es säuerlich mögen.

55.   Vietnamesisches Hühnercurry

Zutaten:

- 1 Pfund Hähnchenschenkel
- 1 Pfund Hähnchenschenkel
- 1 Esslöffel Madras-Curry
- 1 TL Zwiebelpulver
- 1 TL Knoblauchpulver
- 1 TL koscheres Salz
- Frisch gemahlener Pfeffer
- 1 Zwiebel, gehackt
- 3-4 Knoblauchzehen, gehackt
- 2 Stängel Zitronengras in 2-Zoll-Stücke schneiden.
- 1 Esslöffel Ingwer, gehackt
- 2 Esslöffel Fischsauce
- 1 Esslöffel Zucker
- 3 Esslöffel Madras-Curry
- 1 Tasse Hühnerbrühe
- 1 Dose Kokosmilch
- 3 Karotten, in 1 cm große Stücke geschnitten

- 4-5 Yukon-Goldkartoffeln, in 1-Zoll-Stücke geschnitten

Richtungen

a) So marinieren Sie das Huhn: Geben Sie das Huhn in eine Schüssel und marinieren Sie es mit 1 Esslöffel Madras-Curry, Zwiebelpulver, Knoblauchpulver und koscherem Salz. Lassen Sie es mindestens 15 Minuten marinieren, während Sie die restlichen Zutaten zubereiten.

b) Drücken Sie auf dem Instant Pot die Brattaste und stellen Sie die Einstellung "mehr" ein. Lass es heiß werden.

c) Fügen Sie Olivenöl und geschnittene Zwiebeln hinzu und kochen Sie einige Minuten lang, um die Zwiebeln zu bräunen. Ingwer, Knoblauch hinzufügen. Gut mit Fleisch mischen. Fügen Sie die restlichen Zutaten und nur die Hälfte der Kokosmilch hinzu. Decken Sie die Fleisch-/Eintopftaste ab und drücken Sie sie auf 20 Minuten.

d) Sobald der Instant-Topf fertig ist, entlüften oder auf natürliche Weise drucklos machen, dann den Deckel abnehmen und den Rest der Kokosmilch hineingießen. Mit Salz abschmecken. Mit französischem Baguette servieren. Genießen!

56.   Japanisches Rindfleisch-Curry

Serviert 4

Zutaten:

- ⅓ Tasse Mehl

- 4 Esslöffel ungesalzene Butter

- 2 Esslöffel Currypulver

- 1/2 Esslöffel Garam Masala

- 1 Esslöffel Sojasauce

- 1 Esslöffel Ketchup

- 1 Esslöffel Worcestersauce

- 1 Esslöffel Honig

- 1 TL koscheres Salz

- 1 Pfund Rindergulaschfleisch

- 2 Karotten

- 3 mittelgroße Yukon-Goldkartoffeln

- 1 mittelgroße Zwiebel

- 2 Knoblauchzehen, gehackt

- 1 TL Ingwer, gehackt

- 2 Tassen Hühnerbrühe

Richtungen

a) Drücken Sie die Brattaste und lassen Sie es heiß werden.

b) Um zuerst Mehlschwitze zu machen: Butter schmelzen und dann Mehl hinzufügen. Lassen Sie es für eine Minute rösten, fügen Sie dann Currypulver und Garam Masala hinzu. Mischen, bis es eine dicke Paste wird. Vom Herd nehmen.

c) Olivenöl hinzufügen und das Rindfleisch anbraten. Fügen Sie geschnittene Zwiebeln hinzu und kochen Sie für ein paar Minuten, um die Zwiebeln zu bräunen. Fügen Sie Ingwer, Knoblauch, Honig, Sojasauce, Ketchup, Worcestershire-Sauce und koscheres Salz und Curry-Einschwitze hinzu.

d) Gut mit Fleisch mischen. Mit Karotten, Kartoffeln und Hühnerbrühe aufgießen. Decken Sie die Fleisch-/Eintopftaste ab und drücken Sie sie auf 20 Minuten.

57.   Gebratene Tomatensuppe

Serviert 4

Zutaten

- 1 ½ Pfund. frische Tomaten

- 1 Zwiebel, gewürfelt

- 1 Karotte, gehackt

- 1 - 2 Knoblauchzehen, gehackt

- ¼ Tasse gehacktes Basilikum

- 1 Zweig frischer Oregano

- 1 Zweig frischer Thymian

- 1 Lorbeerblatt

- 1 Dose San Marzano Tomaten (28 oz.)

- 1 ½ Tassen Gemüsebrühe

Richtungen

a) Zwiebeln in einem Topf bei mittlerer Hitze 2 - 3 Minuten glasig dünsten.

b) Karotten und Knoblauch zugeben und 2-3 Minuten dünsten.

c) Tomaten aus der Dose zugeben.

d) Kräuter zugeben und mit Brühe aufgießen.

e) Bei mittlerer Hitze 40 Minuten köcheln lassen. Wenn Sie fertig sind, entfernen Sie die Kräuterstiele (Lorbeerblatt, Thymian und Oregano).

f) Mit einem Stabmixer pürieren und mit Salz abschmecken.

58.   Pho Bo

Zutaten

- 3 Tassen Rinderknochenbrühe

- 3 Tassen Wasser

- 1 geröstete Zwiebel (halbiert)

- 1 verkohlter Ingwer (ca. 4 Zoll)

- 1 schwarze Kardamomkapsel

- 2-Sterne-Anis

- 4 ganze Nelken

- 1 Stück Kandiszucker (ca. 2 cm)

- 1 Zimtstange (ca. 4-5 Zoll)

- 1 TL koscheres Salz

- 1 Esslöffel Fischsauce

So bauen Sie eine Pho-Schüssel zusammen:

- Pho-Nudeln

- Bohnensprossen

- Thailändischer Basilikum

- Limettenspalten

- Sriracha

- Hoisin Soße

- Jalapeno

- Mischung aus Koriander / Zwiebel / Frühlingszwiebel (zu gleichen Teilen und in dünne Scheiben geschnitten)

Richtungen

a) Auf ein Backblech Zwiebel und Ingwer mit der Hautseite nach oben legen. 10-15 Minuten grillen, bis die äußere Schicht vollständig verbrannt ist.

b) In einem mittelgroßen Topf bei mittlerer Hitze schwarzen Kardamom, Sternanis, Nelken und Zimtstange rösten, bis sie duften (ca. 2 Minuten). Die kleinen Gewürze entfernen und in ein Teesieb geben, zurück in die Kanne stellen.

c) Gekohlte Zwiebel und Ingwer zusammen mit den Gewürzen in den Topf geben, dann Brühe, Wasser, Kandiszucker, Salz und Fischsauce hinzugeben.

d) 10 Minuten kochen und das Teesieb mit Gewürzen und Zimtrinde entfernen. Für weitere 20 Minuten weiter köcheln lassen, um eine reichhaltige, aromatische Brühe zu entwickeln.

e) Pho-Nudeln in die Schüssel geben, mit rohen Rindfleischscheiben belegen, mit Koriander / Zwiebel / Frühlingszwiebelmischung garnieren. Mit der gewünschten Menge Brühe aufgießen.

f) Mit Sojasprossen, Thai-Basilikum, Limette, Sriracha, Hoisin-Sauce nach Belieben garnieren.

59.   Huhn Pho

Zutaten

- 3 Tassen Hühnerknochenbrühe

- 3 Tassen Wasser

- 2-3 rohe Hähnchenschenkel

- 1 geröstete Zwiebel (halbiert)

- 1 verkohlter Ingwer (ca. 4 Zoll)

- 1 Zimtrinde (ca. 2-3 cm)

- 1 geschnittene Süßholzwurzel

- 1 Stück Kandiszucker (ca. 2 cm)

- 1 TL koscheres Salz

- 1 Esslöffel Fischsauce

Richtungen

a) Auf ein Backblech Zwiebel und Ingwer mit der Hautseite nach oben legen. 10-15 Minuten grillen, bis die äußere Schicht vollständig verbrannt ist.

b) In einem mittelgroßen Topf bei mittlerer Hitze Süßholzwurzel und Zimtstange rösten, bis sie duften (ca. 2 Minuten).

c) Die angekohlten Zwiebeln und den Ingwer zusammen mit den Gewürzen und den rohen Hähnchenschenkeln in den Topf geben und dann mit Brühe, Wasser, Kandiszucker, Salz und Fischsauce aufgießen.

d) 10 Minuten kochen und Süßholzwurzel und Zimtrinde entfernen. Für weitere 20 Minuten weiter köcheln lassen, um eine reichhaltige, aromatische Brühe zu entwickeln.

e) Hühnchen herausnehmen und in dünne Streifen schneiden.

60.   Vegetarisches Pho

Zutaten

- 4 Tassen Gemüsebrühe

- 2 Tassen Wasser

- 1 geröstete Zwiebel (halbiert)

- 1 verkohlter Ingwer (ca. 4 Zoll)

- 1 schwarze Kardamomkapsel

- 2-Sterne-Anis

- 4 ganze Nelken

- 1 Stück Kandiszucker (ca. 2 cm)

- 1 Zimtstange (ca. 4-5 Zoll)

- 1-2 TL koscheres Salz (je nach Geschmack)

Beläge:

- Tofu

- Enoki-Pilze

- 1/4 Tasse Karotten, in Scheiben geschnitten

- 1/4 Tasse Brokkoliröschen

- bok choi

Richtungen

a) Auf ein Backblech Zwiebel und Ingwer mit der Hautseite nach oben legen. 10-15 Minuten grillen, bis die äußere Schicht vollständig verbrannt ist.

b) In einem mittelgroßen Topf bei mittlerer Hitze schwarzen Kardamom, Sternanis, Nelken und Zimtstange rösten, bis sie duften (ca. 2 Minuten). Die kleinen Gewürze entfernen und in ein Teesieb geben, zurück in die Kanne stellen.

c) Die angekohlten Zwiebeln und den Ingwer zusammen mit den Gewürzen in den Topf geben und dann mit Brühe, Wasser, Kandiszucker und Salz aufgießen.

d) 10 Minuten kochen und Süßholzwurzel und Zimtrinde entfernen. Für weitere 20 Minuten weiter köcheln lassen, um eine reichhaltige, aromatische Brühe zu entwickeln.

e) 5 Minuten vor dem Servieren Karotten, Brokkoli und Pak Choi dazugeben und 2 Minuten blanchieren.

f) Nudeln zusammen mit geschnittenem Tofu und Enoki-Pilzen in die Schüssel geben. Gemüse und Brühe angießen. Mit Sojasprossen, Limette, Koriander/Zwiebel/Grünzwiebel-Mischung toppen und genießen!

NACHSPEISEN

61.   Mandel-Cluster aus dunkler Schokolade

Zutaten

- 2 Tassen hochwertige dunkle Schokolade

- 3-4 Tassen ungesalzene geröstete Mandeln

- Rosafarbenes Himalaya-Salz

Richtungen

a) In einem Topf bei mittlerer Hitze Wasser kochen, bis es zu dampfen beginnt. Hitze abstellen.

b) Stellen Sie eine hitzebeständige Schüssel (Edelstahl oder Glas eignen sich hervorragend) auf den Topf und fügen Sie die Schokolade in die Schüssel. Rühren Sie in eine Richtung, während die Schokolade über der sanften Hitze schmilzt.

c) Sobald die Schokolade vollständig geschmolzen ist, Mandeln in die Schokolade gießen und gut mischen. Fühlen Sie sich frei, mehr / weniger Mandeln hinzuzufügen, je nachdem, wie Sie das Verhältnis von Schokolade zu Mandeln bevorzugen.

d) Mit einem Löffel die Mandel-Schokoladen-Mischung aufheben und auf ein mit Backpapier ausgelegtes Backblech geben.

e) Wenn Sie fertig sind, streuen Sie einen Hauch Meersalz über jede Schokoladenscheibe und lassen Sie sie etwa 1 Stunde lang vollständig trocknen.

62. Lebkuchengewürz schnelles Brot

Zutaten

- 1 1/2 Tasse Mehl

- 1/2 Tasse Mandelmehl

- 1/2 TL koscheres Salz

- 1/2 TL Backpulver

- 1 Esslöffel Zimt

- 1 Esslöffel Ingwer

- 1/2 TL Muskatnuss

- 1/2 TL gemahlene Nelken

- 1/2 Tasse Milch

- 2-3 Esslöffel Melasse

- 1 Stück Butter, Zimmertemp

- 1/2 Tasse brauner Zucker

- 1 TL Vanilleextrakt

- 1 Ei, Zimmertemp

Richtungen

a) Ofen vorheizen auf 350 Grad.

b) In einer Schüssel Mehl, Salz, Natron und Gewürze vermischen. Beiseite legen

c) In einer anderen Schüssel Butter und Zucker zusammen geben und mit einem Handmixer 2-3 Minuten lang hell und luftig aufschlagen. Vanilleextrakt und Ei hinzugeben und mischen, bis alles eingearbeitet ist.

d) Melasse in die Buttermischung geben und erneut mischen.

e) Abwechselnd Mehl-Milch-Mischung zur Eimasse geben und mit dem Handmixer nur kurz verrühren.

f) Gießen Sie den Teig in eine 9 x 5 Laibform, die mit Pergamentpapier ausgelegt ist. Sie möchten wie eine Schlinge erstellen, um das Brot leicht zu entfernen.

g) 20-25 Minuten goldbraun backen. Aus dem Ofen nehmen und abkühlen lassen. Mit Puderzucker bestäuben und warm mit einer Tasse Kaffee genießen.

63.   Kürbis-Käsekuchen

Zutaten

- 1 1/2 Tassen zerdrückte Lebkuchenplätzchen

- 1 Esslöffel geschmolzene Butter

- 2 Blöcke Frischkäse (insgesamt 16 Unzen) bei Raumtemperatur

- 1/2 Tasse Kürbispüree

- 1 Esslöffel Mehl

- 1/4 Tasse Ahornsirup

- 1/4 Tasse brauner Zucker

- 1 TL Kürbisgewürz

- 2 Eier (Zimmertemperatur)

Richtungen

a) In einer Schüssel Ingwer und Butter vermischen. Beiseite legen.

b) In einer herausnehmbaren Bodenform (oder Springform) mit Pergamentpapier auslegen. Gießen Sie die zerkleinerte Ingwer-Schnaps-Mischung in die Pfanne und drücken Sie sie mit einem Glas mit flachem Boden flach. Zum Festwerden in den Kühlschrank stellen.

c) In einer anderen Schüssel Frischkäse, Kürbispüree, Mehl, Ahornsirup, braunen Zucker und Kürbisgewürz glatt rühren. Als nächstes mischen Sie ein Ei, eins nach dem anderen, bis es sich gerade vermischt hat. Mit Spachtel abschließen. In die vorbereitete Kuchenform gießen und mit Folie abdecken.

d) Geben Sie in den Multipot 1 Tasse Wasser und stellen Sie die Käsekuchenpfanne in einen Untersetzer. In den inneren Topf absenken und den Deckel schließen. Stellen Sie das Manometer auf Versiegelung und schalten Sie die Kuchenfunktion nach 30 Minuten ein.

e) Wenn Sie fertig sind, lassen Sie den Druck schnell los und öffnen Sie den Deckel für einige Minuten, um den Rest des Dampfes abzulassen. Schalten Sie die Maschine aus und schließen Sie den Deckel.

f) Lassen Sie es eine Stunde lang auf natürliche Weise abkühlen und entfernen Sie den Käsekuchen. Zum Kühlen mindestens 4-5 Stunden in den Kühlschrank stellen. Genießen!

64.   Pfirsich-Mandel-Kuchen

Zutaten

- 1/4 Tasse Butter, Raumtemperatur

- 3/4 Tasse Zucker

- 1 Ei, Zimmertemperatur

- 1/2 TL Mandelextrakt

- 1 TL Vanilleextrakt

- 3/4 Tasse Allzweckmehl

- 3/4 Tasse Mandelmehl

- 1/2 TL Backpulver

- 1/4 TL Backpulver

- 1/2 TL koscheres Salz

- 1/2 Tasse Naturjoghurt

- 1 Tasse geschnittene Pfirsiche

- 1/4 Tasse Blaubeeren

- 1/4 Tasse gehobelte Mandeln

- 1 Esslöffel Schleifzucker

Richtungen

a) Backofen auf 375 Grad vorheizen.

b) Butter und Zucker in einer Schüssel cremig und schaumig rühren. Fügen Sie Ei, Vanilleextrakt, Mandelextrakt hinzu und mischen Sie weiter, bis alles vermischt ist.

c) Mischen Sie in einer anderen Schüssel Mandelmehl, Allzweckmehl, Backpulver, Backpulver und Salz.

d) Kombinieren Sie die Hälfte der Mehlmischung mit der Eimischung und rühren Sie, bis sie sich kaum verbunden hat. Als nächstes Joghurt und den Rest der Mehlmischung hinzufügen und von Hand mischen, bis alles gut vermischt ist. Der Teig sollte leicht und locker sein.

e) In einer mittelgroßen Gusseisenpfanne gut einfetten. Teig hineingießen und mit Heidelbeeren und geschnittenen Pfirsichen garnieren. Mandelblättchen und Puderzucker darüber streuen und 30 Minuten backen, bis die Oberfläche goldbraun ist. Der Teig sollte leicht unterbacken sein.

65.   Kein Backen Himbeer-Zitronen-Käsekuchen

Portionen: 6

Zutaten

Kruste:

- 1 1/2 Grahambrösel

- 4 Esslöffel geschmolzene Butter

Zitronen-Cheesecake-Füllung:

- 16 Unzen. Frischkäse, Zimmertemp

- 1/2 Tasse saure Sahne

- 1 Esslöffel Milch

- 1 TL Vanilleextrakt

- 1 Tasse Gesunder Bio-Puderzucker

- Zitronenschale

- 1 Esslöffel Zitronensaft

Himbeersauce

- 2 Esslöffel Vollwertvoller Bio-Rohrzucker

- 1 Esslöffel Zitronensaft

- 1 Tasse frische Himbeeren

- Topping: Schlagsahne, frische Zitronenscheibe und Himbeere

Richtungen

a) Um Kruste zu machen: In einer Schüssel Graham-Krümel mit geschmolzener Butter hinzufügen. Gut mischen und beiseite stellen.

b) Zitronen-Käsekuchen-Füllung zubereiten: Frischkäse, Sauerrahm, Milch und Vanilleextrakt in eine Schüssel geben. Mit dem Handmixer auf höchster Stufe glatt rühren. Puderzucker, Zitronenschale und Zitronensaft hinzugeben und erneut mischen. Schüssel auskratzen, dann in einen Spritzbeutel geben.

c) Himbeersauce zubereiten: In einer mittelgroßen Saucenpfanne Zucker, Zitronensaft und frische Himbeeren hinzufügen. Zusammen mischen und bei mittlerer Hitze kochen, bis die Himbeeren Saft freisetzen und die Sauce eindickt. Vom Herd nehmen und vollständig abkühlen lassen.

d) Zusammenbauen: In einem 4 oz. Maurerglas, fügen Sie 2-3 Esslöffel Graham-Crust-Mischung hinzu und drücken Sie nach unten. Dann die Käsekuchenmasse hineinspritzen. Schütteln Sie das Glas, um die Käsekuchenmischung zu glätten. Einen Löffel Himbeersauce dazugeben, mit

Schlagsahne, Zitronenschnitz und Himbeere toppen. Genießen!

66.   S'mores Schokoladenmousse-Tassen

Zutaten

- 1 Tasse Graham-Cracker-Krümel

- 2 Eigelb

- 1/4 Tasse Zucker

- 1/2 Tasse Schlagsahne (schwer).

- 1/2 Tasse Schokolade (3 Unzen)

- 3/4 Tassen Schlagsahne (schwer).

Richtungen

a) Eigelb in einer kleinen Schüssel mit einem elektrischen Mixer bei hoher Geschwindigkeit etwa 3 Minuten lang oder bis dick und zitronenfarben schlagen. Zucker nach und nach unterschlagen.

b) Erhitzen Sie 1/2 Tasse Schlagsahne in einem 2-Liter-Topf bei mittlerer Hitze, bis sie heiß ist. Mindestens die Hälfte der heißen Schlagsahne nach und nach in die Eigelbmasse einrühren; wieder in die heiße Sahne im Topf rühren. Bei schwacher Hitze etwa 3 Minuten unter ständigem Rühren kochen, bis die Mischung eindickt (nicht kochen). Schokoladenstückchen unterrühren, bis sie geschmolzen sind. Decken Sie es ab und kühlen Sie es etwa 2 Stunden lang ab, wobei Sie gelegentlich umrühren, bis es abgekühlt ist.

c) Schlagen Sie 3/4 Tassen Schlagsahne in einer gekühlten mittelgroßen Schüssel mit einem elektrischen Mixer bei hoher Geschwindigkeit, bis sie steif ist. Schokoladenmasse unter die Schlagsahne heben. Mischung in Servierschüsseln spritzen oder löffeln. Restliches Dessert nach dem Servieren sofort kühl stellen.

d) Top mit Marshmallow-Creme, Riesen-Marshmallow-Toast.

67. Schoko-Granatapfel-Tarte ohne Backen

Zutaten

Für die Kruste

- 2 Tassen (192 g) blanchiertes Mandelmehl

- $\frac{1}{4}$ Tasse (21 g) Kakaopulver

- $\frac{1}{3}$ Tasse (67 g) Kokosnussöl, geschmolzen

- 2 Esslöffel (40 g) reiner Ahornsirup

- Prise Meersalz

Für die Füllung

- $\frac{1}{2}$ Tasse (114 g) Vollfett-Kokosmilch aus der Dose

- $\frac{1}{4}$ Tasse reiner Granatapfelsaft

- 8 Unzen. dunkle Schokolade, fein gehackt

- $\frac{1}{2}$ bis 1 Tasse Granatapfelkerne, je nach Vorliebe

Richtungen

a) Eine 8-Zoll-Pfanne mit abnehmbarem Boden leicht mit Kokosöl einfetten.

b) In einer Schüssel alle Zutaten für die Kruste mischen und verrühren, bis sie vollständig vermischt sind. Drücken Sie gleichmäßig auf den Boden und die Seiten der vorbereiteten Tortenform. In den Kühlschrank stellen, während Sie die Füllung zubereiten.

c) Die Schokolade in eine große Schüssel geben. In einem kleinen Topf Kokosmilch und Granatapfelsaft kurz aufkochen. Die heiße Kokosmilchmischung über die Schokolade gießen und 1 Minute stehen lassen, dann schlagen, bis sie glatt und cremig ist. Gießen Sie die Füllung in die vorbereitete Kruste.

d) Die Oberseite mit Granatapfelkernen garnieren.

e) Stellen Sie die Tarte in den Kühlschrank, um sie zu festigen und vollständig abzukühlen, etwa 1 bis 2 Stunden. Aufschneiden und servieren.

f) Bewahren Sie alle Reste in einem luftdichten Behälter im Kühlschrank auf.

68.   Berry Finanziers

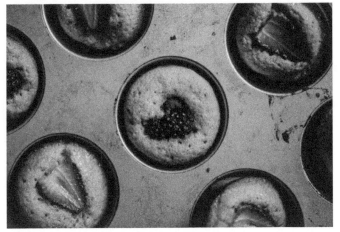

Zutaten

- 1 Tasse Mandelmehl

- 1/4 Tasse Allzweckmehl

- 1/2 Tasse Zucker

- 1 TL Zimt

- 4 Eiweiß, Raumtemperatur

- 1/4 Tasse geschmolzene Butter

- 1 TL Vanilleextrakt

Richtungen

a) Backofen auf 375 Grad vorheizen.

b) Mischen Sie in einer Schüssel Mandelmehl, Allzweckmehl, Zucker, Zimt und koscheres Salz. Gut mischen, bis alles vermischt ist.

c) Eiweiß, geschmolzene Butter und Vanilleextrakt einrühren. Mischen, bis gerade kombiniert.

d) In eine bereits gefettete Muffinform den Teig zu 2/3 füllen. Sie werden steigen. Mit Ihren Lieblingsbeeren toppen und 15-17 Minuten backen, bis sie goldbraun sind.

GETRÄNKE

69.   Winter-Sangria

Zutaten

- 1 Orange, in Scheiben geschnitten

- 1 Apfel, in Scheiben geschnitten

- 1 Birne, in Scheiben geschnitten

- 1 Tasse gefrorene Preiselbeeren

- 3 Zimtstangen

- 5-Sterne-Anis

- 7-8 ganze Nelken

- 1 Tasse Titos Wodka

- 2 Flaschen Wein

- 3 Tassen gewürzter Apfelwein

- 1 Liter Club Soda oder Sprudelwasser

Richtungen

a) Geben Sie die Zutaten in eine große Bowleschüssel und lassen Sie sie 2-3 Stunden einweichen, um die warmen Aromen zu entwickeln.

b) Zum Servieren Eis ins Glas geben und Sangria mit Obst schöpfen. Genießen!

70. Erdbeer-Wassermelone-Kräuter-Eistee

Ergibt 1 Portion

Zutaten

- 1 Tasse kochendes Wasser

- 1 Erdbeer-Wassermelonen-Eistee-Kräuterteebeutel

- Orangen- und Limettenscheiben

- Eiswürfel

- 1 Erdbeer-Wassermelonen-Eistee-Kräuterteebeutel

Richtungen

a) Gießen Sie kochendes Wasser über den Lipton® Strawberry Watermelon Iced Herbal Tea Bag. 5 Minuten aufbrühen. Teebeutel entfernen.

b) Nach Belieben süßen. Orangen- und Limettenscheiben hinzufügen; über Eis gießen und genießen!

71.   Kastanien-Pralinen-Latte

Zutaten

- 1 Esslöffel Kastaniencremeaufstrich

- 2 Esslöffel gemahlener Kaffee

- Heißes Wasser

- Aufgeschäumte Milch

- Schlagsahne

- Pralinenbelag

Richtungen

a) In einen Becher Kastanien-Sahneaufstrich geben

b) Setzen Sie den vietnamesischen Kaffeefilter auf die Tasse und fügen Sie gemahlenen Kaffee hinzu. Nehmen Sie den Stempel vom Filter und drücken Sie ihn nach unten. Füllen Sie den Filter mit kochendem Wasser. 3-5 Minuten abtropfen lassen.

c) Entfernen Sie den Filter und fügen Sie aufgeschäumte Milch oben hinzu

d) Optional: Fügen Sie Schlagsahne und Pralinenbelag hinzu

72. Ahorn-Pekannuss-Herbst-Latte

Zutaten

- 1 Esslöffel Pekannussbutter

- 1 Esslöffel Ahornsirup

- 1/2 TL Vanille

- Prise Salz

- Prise Zimt

Richtungen

a) Brühen Sie 2 Esslöffel mittelgemahlenen Kaffee mit vietnamesischem Filter über das Glas mit diesen Zutaten.

b) Mischen, aufgeschäumte Milch, Schlagsahne und Pekannussstücke hinzufügen

73.　　　Gesalzener Karamell

Zutaten

- 1 Esslöffel Kürbispüree

- 1/4 TL Kürbis-Gewürzmischung

- 1 Esslöffel Karamellsauce

- Prise Salz.

Richtungen

a) Zutaten in einen Becher geben und mischen.

b) Kaffee darüber aufbrühen, aufgeschäumte Milch dazugeben, mixen und genießen!

74. Aloha-Power-Punch

Zutaten

- $\frac{1}{2}$ Tasse (gefrorene) Erdbeeren

- $\frac{1}{2}$ Tasse gefrorene Ananas

- $\frac{1}{2}$ Tasse Bananen

- 2 Esslöffel Tasse gespülte Quinoa

- 1 Esslöffel geraspelte Kokosnüsse

- $\frac{3}{4}$ Tasse Kokosmilch

- 1 Kugel griechischer Joghurt

- 1 Esslöffel Ahorn

- Eis

Richtungen

a) Geben Sie den Inhalt in einen Mixer und geben Sie ihm einen Wirbel! Ins Glas füllen und genießen.

75.   Frühstücksshake mit Pfirsich und Chia

Zutaten:

- $\frac{3}{4}$ Tasse Milch

- 2 Pfirsiche, zerkleinert

- ein Spritzer Honig

- $\frac{1}{2}$ TL Vanilleextrakt

- $\frac{1}{4}$ Tasse griechischer Naturjoghurt

- 1 Esslöffel geraspelte Kokosflocken

- $\frac{1}{4}$ TL Kardamom

- 1 Esslöffel Chiasamen

Richtungen

a) Mischung

76.   Erkältungstee

Zutaten

- 8 Unzen Wasser oder nach Bedarf

- 1 Esslöffel Apfelessig

- 1 Esslöffel Honig

- 1 Zimtstange

- 1 Knoblauchzehe, geschält und zerdrückt

Richtungen

a) Kombinieren Sie Wasser, Essig, Honig, Zimtstange und Knoblauch in einem kleinen Topf.

b) Auf 100 Grad F (38 Grad C) erhitzen; vom Herd nehmen und in einen Becher gießen.

77.   Rum und Ingwer

Portionen: 1 Person

Zutaten:

- 50 ml Bacardi-Rum

- 100 ml Ingwerbier

- 2 Limettenscheiben

- 2 Spritzer Angostura Bitter

- 1 Zweig Minze

Richtungen:

a) Eis in ein Glas geben.

b) Limettensaft, Rum, Ginger Beer und Bitter hinzugeben.

c) Rühren Sie die Zutaten vorsichtig zusammen.

d) Mit einer Limettenscheibe und Minzblättern garnieren.

e) Dienen.

78.   Italienische Sahnesoda

Portionen: 1 Portionen

Zutat

- 1 Unze kalte Milch

- 1 Unze bis 1 1/2 Unze. Pfirsich oder ein anderer Sirupgeschmack

- Eis

- 9 Unzen Sprudelwasser

- Frisches Obst oder halb und halb zum Garnieren

Richtungen:

a) In einer 12 Unze. Glas, Milch und Sirup mischen und gründlich umrühren.

b) Füllen Sie das Glas zur Hälfte mit Eis und füllen Sie es dann mit Sprudelwasser auf. Noch einmal umrühren.

c) Mit frischem Obst oder einem Teelöffel halb und halb als Garnitur servieren.

79. Spanische Sangria

Portionen: 6 bis 8 Portionen

Zutaten

- 1 Orange, in Scheiben geschnitten

- 2 Zitronen, in Scheiben geschnitten

- 1/2 Tasse Zucker

- 2 Flaschen Rotwein

- 2 Unzen dreifache Sek

- 1/2 Tasse Brandy

- 2 (12 Unzen) Dosen Zitronenlimonade

Richtungen:

a) Fügen Sie 1/2 Tasse Zucker hinzu und lassen Sie die Früchte etwa 10 Minuten lang in Zucker einweichen, gerade lange genug, damit die natürlichen Säfte der Früchte fließen können.

b) Fügen Sie den Wein hinzu und rühren Sie gut um, um den Zucker aufzulösen.

c) Triple Sec und Brandy einrühren.

d) Fügen Sie 2 Dosen Soda hinzu und rühren Sie um

e) Fügen Sie nach Belieben mehr Zucker oder Soda hinzu. Prüfen Sie, ob sich der Zucker vollständig aufgelöst hat.

f) Um die Punschschale vollständig abzukühlen, fügen Sie eine große Menge Eis hinzu.

g) Wenn du Sangria in Krügen servierst, fülle sie zur Hälfte mit Eis und gieße dann die Sangria darüber.

80.   Tinto de verano

Portion: 1 Portion

Zutaten

- 3 bis 4 Eiswürfel

- 1/2 Tasse Rotwein

- 1/2 Tasse Zitronenlimonade

- Zitronenscheibe zum Garnieren

Richtungen:

a) Eiswürfel in ein hohes Glas geben.

b) Rotwein und Soda hinzugeben.

c) Mit einer Zitronenscheibe als Garnitur servieren.

81. Weißwein-Sangria

Portionen: 8 Portionen

Zutaten

- 3 mittelgroße Orangen oder 1 Tasse Orangensaft

- 1 Zitrone, in Spalten geschnitten

- 1 Limette, in Spalten geschnitten

- 1 Flasche Weißwein, gekühlt

- 2 Unzen Brandy, optional

- 2/3 Tasse weißer Zucker

- 2 Tassen Club Soda oder Ginger Ale

Richtungen:

a) In einem Krug den Saft der Zitrusschnitze auspressen.

b) Entfernen Sie die Samen und werfen Sie die Keile, wenn möglich, hinein. Fülle den Krug mit Orangensaft, wenn du ihn stattdessen verwendest.

c) Gießen Sie den Weißwein über die Früchte im Krug.

d) Brandy und Zucker hinzufügen, falls verwendet. Um sicherzustellen, dass sich der gesamte Zucker aufgelöst hat, kräftig umrühren.

e) Bewahren Sie es gekühlt auf, wenn Sie es nicht sofort servieren.

f) Um die Sangria prickelnd zu halten, fügen Sie kurz vor dem Servieren Ginger Ale oder Club Soda hinzu.

82. Horchata

Portionen: 4 Portionen

Zutaten

- 1 Tasse langkörniger weißer Reis

- 1 Zimtstange, gebrochen

- 1 Teelöffel Limettenschale

- 5 Tassen Trinkwasser (aufgeteilt)

- 1/2 Tasse Kristallzucker

Richtungen:

a) Den Reis in einem Mixer pulverisieren, bis er eine mehlige Konsistenz erreicht.

b) Mit der Zimtstange und der Limettenschale mischen und über Nacht in einem luftdichten Behälter bei Raumtemperatur ruhen lassen.

c) Geben Sie die Reismischung zurück in den Mixer und verarbeiten Sie sie, bis die Zimtstangenstücke vollständig zerkleinert sind.

d) 2 Tassen Wasser in die Mischung einrühren.

e) Lassen Sie es einige Stunden im Kühlschrank einweichen.

f) Die Flüssigkeit durch ein feines Sieb oder ein paar Lagen Käsetuch in einen Krug oder eine Schüssel abseihen und dabei häufig ausdrücken, um so viel milchiges Reiswasser wie möglich zu entfernen.

g) Rühren Sie 3 Tassen Wasser und den Zucker ein, bis sich der Zucker vollständig aufgelöst hat.

83.   Licor 43 Cuba Libre

Portion: 1 Portion

Zutaten

- 1 Unze Licor 43

- 1/2 Unze Rum

- 8 Unzen Cola

- 1/2 Unze Zitronensaft

- Zitronenscheibe zum Garnieren

Richtungen:

a) Legen Sie Eiswürfel in ein 12-Unzen-Glas.

b) Licor 43 und Rum in das Glas geben; Mit Cola auffüllen.

c) Drücken Sie den Zitronensaft in das Glas; Rühren, um zu kombinieren; und mit einer Zitronenscheibe als Garnitur servieren.

d) Genießen!

84.   Frucht Agua Fresca

Zutaten

- 4 Tassen Trinkwasser

- 2 Tassen frisches Obst

- 1/4 Tasse Zucker

- 2 Teelöffel frisch gepresster Limettensaft

- Limettenspalten zum Garnieren

- Eis

Richtungen:

a) Kombinieren Sie Wasser, Zucker und Obst in einem Mixer.

b) Pürieren, bis es vollständig glatt ist. Fülle einen Krug oder Servierbehälter zur Hälfte mit der Mischung.

c) Fügen Sie den Limettensaft hinzu und rühren Sie um, um zu kombinieren. Gegebenenfalls nach dem Abschmecken mehr Zucker hinzufügen.

d) Mit einer Zitronen- oder Limettenscheibe als Garnitur servieren.

e) Auf Wunsch auf Eis servieren.

85.   Carajillo

Zutaten

- ½ Tasse gebrühter Espresso oder entkoffeinierter Espresso

- 1 ½ bis 2 Unzen Licor 43

- 8 Eiswürfel

Richtungen:

a) Gießen Sie 12 bis 2 Unzen Licor 43 über Eis in ein Old Fashioned Glas.

b) Den frisch gebrühten Espresso langsam darüber gießen.

c) Gießen Sie den Espresso über die Rückseite eines Löffels, um einen abgestuften Effekt zu erzielen, und servieren Sie ihn dann.

86.   Zitronenlikör

Zutaten

- 10 Bio-Zitronen bevorzugt

- 4 Tassen Wodka hochwertig wie Grey Goose

- 3 $\frac{1}{2}$ Tassen Wasser

- 2 $\frac{1}{2}$ Tassen Kristallzucker

Richtungen:

a) Waschen Sie die Zitronen mit einer Gemüsebürste und heißem Wasser, um alle Rückstände von Pestiziden oder Wachs zu entfernen. Zitronen trocken tupfen.

b) Mit einem Sparschäler die Schale der Zitronen in langen Streifen abschälen, dabei nur den gelben äußeren Teil der Schale verwenden. Das Mark, das ist der weiße Teil unter der Rinde, ist extrem bitter. Bewahren Sie die Zitronen auf, um sie in einem anderen Gericht zu verwenden.

c) Gießen Sie den Wodka in ein großes Glas oder einen Krug.

d) Werfen Sie die Zitronenschalen in das große Glas oder den Krug und decken Sie es mit einem Deckel oder einer Plastikfolie ab.

e) Lassen Sie die Zitronenschalen 10 Tage lang bei Raumtemperatur im Wodka ziehen.

f) Nach 10 Tagen das Wasser und den Zucker bei mittlerer Hitze in einen großen Topf geben und etwa 5 – 7 Minuten langsam zum Kochen bringen. Vollständig abkühlen lassen.

g) Nimm den Sirup vom Herd und stelle ihn zum Abkühlen beiseite, bevor du ihn mit der Limoncello-Mischung aus Zitronenschalen und Wodka kombinierst. Die Zitronen-Wodka-Mischung zur Hälfte mit Zuckersirup füllen.

h) Durch ein Sieb, einen Kaffeefilter oder ein Käsetuch den Limoncello abseihen.

i) Die Schalen wegwerfen. Mit einem kleinen Trichter in dekorative Klammerflaschen umfüllen.

j) Kühlen Sie die Flaschen, bis sie vollständig kalt sind.

87.   Sgroppino

Zutaten

- 4 Unzen. Wodka

- 8 Unzen. Prosecco

- 1 Portion Zitronensorbet

- Optionale Garnierungen

- Zitronenschale

- Zitronenscheiben

- Zitrone Twist

- frische Minzblätter

- frische Basilikumblätter

Richtungen:

a) Mischen Sie in einem Mixer die ersten drei Zutaten.

b) Verarbeiten, bis es glatt und vermischt ist.

c) In Champagnerflöten oder Weingläsern servieren.

88.   Aperol Spritz

Zutaten

- 3 Unzen Prosecco

- 2 Unzen Aperol

- 1 Unze Soda

- Garnitur: Orangenscheibe

Richtungen:

a) In einem mit Eis gefüllten Weinglas Prosecco, Aperol und Limonade verquirlen.

b) Als Garnitur eine Orangenscheibe hinzufügen.

89.   Italienische Brombeersoda

Zutaten

- 1/3 Tasse Brombeersirup

- 2/3 Tasse Clubsoda

Richtungen

a) Gießen Sie den Sirup in ein 10-Unzen-Glas.

b) Fügen Sie das Soda hinzu und rühren Sie gut um.

90. Italienischer Kaffee Granita

Zutaten

- 4 Tassen Wasser

- 1 Tasse gemahlener Espresso-Röstkaffee

- 1 Tasse Zucker

Richtungen:

a) Bringen Sie das Wasser zum Kochen und fügen Sie dann den Kaffee hinzu. Gießen Sie den Kaffee durch ein Sieb. Den Zucker hinzugeben und gut verrühren. Lassen Sie die Mischung auf Raumtemperatur abkühlen.

b) Braten Sie die Zutaten 20 Minuten lang in einer 9x13x2-Pfanne an. Kratzen Sie die Mischung mit einem flachen Spatel ab.

c) Kratzen Sie alle 10-15 Minuten, bis die Mischung dick und körnig ist. Wenn sich dicke Stücke bilden, pürieren Sie sie in einer Küchenmaschine, bevor Sie sie wieder in den Gefrierschrank stellen.

d) Mit einem kleinen Klecks kalter Sahne in einem schönen, gekühlten Dessert oder einer Martini-Klasse servieren.

91.   Italienische Basilikumlimonade

Portionen: 6

Zutaten

- 3 Zitronen
- $\frac{1}{3}$eine Tasse Zucker
- 2 Tassen Wasser
- 1 Tasse Zitronensaft
- $\frac{1}{4}$ Tasse frische Basilikumblätter

Dienen:

- 2 Tassen Wasser oder Limonade gekühlt
- Zerstoßenes Eis
- Mit Zitronenscheiben und Basilikumzweigen garnieren

Richtungen:

a) Kombinieren Sie Zucker, Wasser und 1 Tasse Zitronensaft in einem Topf bei mittlerer Hitze.

b) Rühren und kochen, bis diese Mischung zum Köcheln kommt und sich der Zucker auflöst. Die Pfanne vom Herd nehmen und die Basilikumblätter und die Streifen der Zitronenschale unterrühren.

c) Lassen Sie das Basilikum 5-10 Minuten im Wasser einweichen.

d) Entfernen Sie die Basilikum- und Schalenstücke aus dem Zitronen-Basilikum-Sirup, indem Sie ihn abseihen. Bis zur vollständigen Abkühlung in einem Einmachglas oder einem anderen abgedeckten Behälter kühl stellen.

e) Wenn Sie bereit sind, die Limonade zu servieren, mischen Sie das Limonadenkonzentrat, Wasser oder Limonade, zerstoßenes Eis und Basilikumzweige in einem Krug.

f) In separate Gläser füllen.

g) Mit frischen Basilikumblättern und Zitronenscheiben garnieren.

92.   Gingermore

Zutaten

- 1 Unze. Limettensaft

- 2 kleine Scheiben frischer Ingwer

- 4 Brombeeren

- Sanpellegrino Limonata

Richtungen:

a) Zerdrücken Sie die Brombeeren und den frischen Ingwer auf dem Boden eines stabilen, hohen Glases (14 oz. Fassungsvermögen).

b) Eiswürfel in das Glas geben und mit Sanpellegrino Limonata auffüllen.

c) Kombinieren Sie die Zutaten vorsichtig mit einem Barlöffel.

d) Zitronenschale, Brombeeren und frische Minze zum Garnieren hinzufügen.

93.   Hugo

PORTIONEN 1

Zutaten

- 15 cl Prosecco, gekühlt

- 2 cl Holundersirup oder Melissensirup

- ein paar Minzblätter

- 1 frisch gepresster Zitronensaft oder Limettensaft

- 3 Eiswürfel

- Shot Sprudelwasser oder Sodawasser

- Scheibe Zitrone oder Limette zur Dekoration des Glases oder als Garnitur

Richtungen:

a) Die Eiswürfel, den Sirup und die Minzblätter in ein Rotweinglas geben. Ich empfehle, die Minzblätter vorher leicht abzutupfen, da dies das Aroma des Krauts aktiviert.

b) Gießen Sie frisch gepressten Zitronen- oder Limettensaft in das Glas. Legen Sie eine Scheibe Zitrone oder Limette in das Glas und fügen Sie kühlen Prosecco hinzu.

c) Fügen Sie nach einigen Augenblicken einen Spritzer prickelndes Mineralwasser hinzu.

94. Spanischer Frappe mit frischen Früchten

Portionen: 6 Portionen

Zutaten:

- 1 Tasse Wassermelone, gewürfelt

- 1 Tasse Cantaloupe-Melone, gewürfelt

- 1 Tasse Ananas, gewürfelt

- 1 Tasse Mango, in Scheiben geschnitten

- 1 Tasse Erdbeeren, halbiert

- 1 Tasse Orangensaft

- $\frac{1}{4}$ Tasse Zucker

Richtungen:

a) Kombinieren Sie alle Zutaten in einer Rührschüssel. Füllen Sie den Mixer zur Hälfte mit dem Inhalt und füllen Sie ihn mit gebrochenem Eis auf.

b) Abdecken und bei hoher Geschwindigkeit kombinieren, bis Sie eine konsistente Konsistenz erhalten. Mit dem Rest der Mischung wiederholen.

c) Sofort servieren, auf Wunsch mit frischem Obst an der Seite.

95.   **Heiße Schokolade nach spanischer Art**

Portionen: 6 Portionen

Zutat

- $\frac{1}{2}$ Pfund süße Schokolade

- 1 Liter Milch

- 2 Teelöffel Maisstärke

Richtungen:

a) Die Schokolade in kleine Stücke brechen und mit der Milch in einem Topf vermengen.

b) Unter ständigem Rühren mit einem Schneebesen langsam erhitzen, bis die Mischung knapp unter den Siedepunkt kommt.

c) Maisstärke mit ein paar Teelöffeln Wasser auflösen.

d) Rühren Sie die aufgelöste Maisstärke in die Schokoladenmischung, bis die Flüssigkeit eindickt.

e) Sofort in warmen Gläsern servieren.

96.   Grüner Chinotto

Zutaten:

- 1 oz/3 cl Salbei-Minz-Sirup

- $\frac{3}{4}$ oz/2,5 cl Limettensaft

- Mit Sanpellegrino Chinotto auffüllen

Richtungen:

a) Gießen Sie den gesamten Sirup und Saft in ein großes, stabiles Glas.

b) Mit einem Barlöffel alles vorsichtig verrühren.

c) Eis ins Glas geben und mit Sanpellegrino Chinotto auffüllen.

d) Mit einem Limettenstück und frischer Minze als Garnitur servieren.

97. Rosen Spritz

Portionen: 1 Getränk

Zutaten

- 2 Unzen Rosen-Aperitivo oder Rosenlikör

- 6 Unzen Prosecco oder Sekt

- 2 Unzen Soda

- Grapefruitscheibe zum Garnieren

Richtungen:

a) Mischen Sie in einem Cocktailshaker 1 Teil Rose Aperitivo, 3 Teile Prosecco und 1 Teil Soda.

b) Kräftig schütteln und in ein Cocktailglas abseihen.

c) Crushed Ice oder Eiswürfel hinzugeben.

d) Als Garnitur eine Grapefruitscheibe hinzufügen. Trinken Sie so schnell wie möglich.

98. Honigbienen-Cortado

Zutaten:

- 2 Schuss Espresso

- 60 ml aufgeschäumte Milch

- 0,7 ml Vanillesirup

- 0,7 ml Honigsirup

Richtungen:

a) Machen Sie einen doppelten Espresso-Shot.

b) Milch zum Kochen bringen.

c) Den Kaffee mit dem Vanille- und Honigsirup mischen und gut umrühren.

d) Schäumen Sie eine dünne Schicht auf die Kaffee-Sirup-Mischung, indem Sie zu gleichen Teilen Milch hinzufügen.

99.   Zitrusbitter

Portionen: 2

Zutaten:

- 4 Orangen vorzugsweise Bio

- 3 Esslöffel Sternanis

- 1 Esslöffel Nelken

- 1 Esslöffel grüne Kardamomkapseln

- 1 Esslöffel Enzianwurzel

- 2 Tassen Wodka oder anderer starker Alkohol

Richtungen:

a) In ein Glasgefäß die getrockneten Orangenschalen/-schalen, die anderen Gewürze und die Enzianwurzel geben. Um die Samen in den Kardamomkapseln freizulegen, zerdrücke sie.

b) Bedecken Sie die Orangenschalen und Gewürze vollständig mit einem hochprozentigen Alkohol Ihrer Wahl.

c) Schütteln Sie die Mischung mit dem Alkohol für die nächsten Tage. Lassen Sie die Orangenschalen und Gewürze viele Tage bis Wochen in den Alkohol eindringen.

d) Von der jetzt würzigen Alkoholtinktur die Schalen und Gewürze abseihen.

100.   Pisco Sour

Portionen 1

Zutaten

- 2 Unzen. Pisco

- 1 Unze. einfacher Syrup

- $\frac{3}{4}$ oz. Limettensaft

- 1 Eiweiß

- 2-3 Spritzer Angostura Bitter

Richtungen

a) Pisco, Limettensaft, Zuckersirup und Eiweiß in einem Cocktailshaker mischen.

b) Eis hinzufügen und kräftig schütteln.

c) In ein Vintage-Glas abseihen.

d) Den Schaum mit ein paar Spritzern Angostura Bitter toppen.

FAZIT

Die köstlichen und dennoch einfachen Rezepte des Honeysuckle
Cookbook sind ein Muss für jeden Hobbykoch. Das Buch ist voll
von frischen, sauberen Gerichten, die die Zutaten wirklich
glänzen lassen, daher ist es nicht verwunderlich, dass dieses
Buch randvoll mit köstlichen Rezepten ist, die dem Leser helfen,
jede Mahlzeit zu etwas Besonderem zu machen.

9 781804 650783